出纳岗位
真账实战

平准◎编著

中国纺织出版社有限公司

内 容 提 要

本书根据出纳岗位的工作要求，将其划分为会计科目和账户、原始凭证填制、记账凭证编制、银行业务办理、现金业务办理、账簿登记等十大模块，又将每一模块的工作任务具体化，并铺之以相应的实操案例，实现了理论与实操的有机结合。本书以提升专业人员的动手实操能力为第一要务，通过本书的学习，既可以掌握出纳岗位的理论基本功，又可以掌握实务操作的具体要求。本书不仅可以作为财会类专业学生的就业准备训练教材，还可以作为企业会计人员的培训教材，以及从业人员的自觉教材。

图书在版编目（CIP）数据

出纳岗位真账实战/平准编著. -- 北京：中国纺织出版社有限公司，2023.3

ISBN 978-7-5229-0209-8

Ⅰ.①出… Ⅱ.①平… Ⅲ.①出纳—会计实务 Ⅳ.①F231.7

中国版本图书馆CIP数据核字（2022）第252068号

责任编辑：史 岩 曹炳镝 责任校对：高 涵 责任印制：储志伟

中国纺织出版社有限公司出版发行
地址：北京市朝阳区百子湾东里A407号楼 邮政编码：100124
销售电话：010—67004422 传真：010—87155801
http://www.c-textilep.com
中国纺织出版社天猫旗舰店
官方微博http://weibo.com/2119887771
三河市延风印装有限公司印刷 各地新华书店经销
2023年3月第1版第1次印刷
开本：710×1000 1/16 印张：10.5
字数：139千字 定价：58.00元

凡购本书，如有缺页、倒页、脱页，由本社图书营销中心调换

前言
Preface

出纳工作是会计工作的基础，是企业经济业务活动的第一道"关卡"。随着我国市场经济的不断发展，出纳工作变得越来越重要，其重要性体现在如下三方面：

（1）出纳担负着各单位会计核算的基础工作，只有做好出纳工作，才能为整个会计工作的良性发展提供必要的支持。

（2）出纳工作范围包括负责办理现金收付和银行的结算业务及现金、票据、有价证券的保管，出纳人员只有拥有高度责任感、娴熟的技能和扎实的专业基础知识，才能避免给单位带来不必要的经济损失。出纳人员尤其要重视和热爱本职工作。

（3）出纳工作质量的好坏直接影响单位财会管理水平和经营决策效率。出纳是否能合理安排、调度资金，是否能及时准确地提供单位货币资金活动信息，是否能保证货币资金的安全与完整，这些都会对单位的会计核算和经营管理产生重要影响。

本书根据出纳岗位的工作要求，将其划分为会计科目和账户、原始凭证填制、记账凭证编制、银行业务办理、现金业务办理、账簿登记等十大模块，又将每一模块的工作任务具体化，并辅之以相应的实操案例，实现了理论与实操的有机结合。

本书以提升专业人员的动手实操能力为第一要务，通过对本书的学习，既可以掌握出纳岗位的理论基本功，又可以掌握实务操作的具体要求。总而言之，本书具有以下四个特点：

第一，指导性强。本书以实际工作中的具体分工与业务内容为标准来编写，指导性非常高。

第二，完全仿真。本书注重模拟环境的营造，所有资料尽可能逼真，例如，所有的票据都与实际情形一模一样。

第三，操作性强。每项实训都给出实训步骤与指导，使读者能按顺序完成实训过程，不至于手忙脚乱，不知从何下手。同时，给出参考答案和检测标准，便于读者进行自我评价。

第四，编排新颖。在具体实训过程中，不时插入小提示、知识回顾等内容，且尽可能运用图表，语言简练明确，从而使整本书的风格很生动、活泼。

本书不仅可以作为财会类专业学生的就业准备训练教材，还可以作为企业会计人员的培训教材，以及从业人员的自学教材。

本书无论在内容编写上还是体例上均做了新的尝试，但由于编者的水平和实践经验有限，书中难免存在疏漏之处，恳请读者批评指正，我们将在修订版中予以更正。

平准

2023 年 1 月

目 录
Contents

第一章 认识出纳 ·· 1
第一节 出纳的概念 ·· 2
第二节 出纳的工作内容 ·· 4
第三节 出纳人员的职业素质与能力要求 ·· 5

第二章 会计科目和账户 ·· 9
第一节 认识会计科目 ·· 10
第二节 认识会计账户 ·· 12

第三章 原始凭证填制 ··· 13
第一节 认识原始凭证 ·· 14
第二节 原始凭证的编制 ·· 18
第三节 原始凭证的审核 ·· 21
第四节 实例展示:原始凭证的编制 ·· 22

第四章 记账凭证编制 ··· 31
第一节 认识记账凭证 ·· 32
第二节 记账凭证的编制 ·· 33
第三节 记账凭证的审核 ·· 35
第四节 实例展示:记账凭证的编制 ·· 36

第五章　会计凭证的处理······51

第一节　会计凭证的填写······52
第二节　会计凭证的保管······53
第三节　会计凭证的销毁······54

第六章　现金业务办理······57

第一节　现金收付······58
第二节　现金业务的清查······60
第三节　现金业务的管理······61
第四节　实例展示：现金收付业务······64

第七章　银行业务办理······67

第一节　支票业务······68
第二节　银行汇票业务······72
第三节　商业汇票业务······77
第四节　银行本票业务······81
第五节　汇兑······84
第六节　托收承付······88
第七节　委托收款······90
第八节　银行存款的核对······92
第九节　信用卡······94
第十节　银行存款余额调节表的编制······96
第十一节　银行账户管理······97
第十二节　实例展示：银行收付业务······98

第八章　账簿登记······99

第一节　认识会计账簿······100
第二节　现金日记账的登记······101

第三节　银行存款日记账的登记 …………………………………… 103
　　第四节　实例展示：账簿登记实务 ………………………………… 105

第九章　账簿管理 ………………………………………………………… 131
　　第一节　更换账簿 …………………………………………………… 132
　　第二节　保管账簿 …………………………………………………… 132
　　第三节　销毁账簿 …………………………………………………… 134

第十章　自查任务 ………………………………………………………… 137
　　第一节　错款的查找 ………………………………………………… 138
　　第二节　错账的查找 ………………………………………………… 139
　　第三节　点钞与验钞 ………………………………………………… 141
　　第四节　错误查找及更正 …………………………………………… 145
　　第五节　人民币真伪鉴别 …………………………………………… 146

第十一章　工作交接业务 ………………………………………………… 149
　　第一节　出纳材料的整理 …………………………………………… 150
　　第二节　出纳工作交接 ……………………………………………… 152
　　第三节　出纳工作交接 ……………………………………………… 154

第一章
认识出纳

第一节　出纳的概念

一、出纳的含义

"出"是指支出、付出,"纳"是指收入,出纳的核心要义即为货币资金的收入与支出。一般而言出纳有两层含义:一是出纳业务,二是出纳人员。

出纳工作有广义狭义之分,从广义上来说,出纳工作包括各单位会计部门专设出纳机构的各项货币资金、票据、有价证券收付业务处理。货币资金、票据、有价证券的整理和保管,货币资金和有价证券的核算等各项工作,即单位出纳工作;也包括各单位业务部门的货币资金收付、保管等方面的工作,即部门出纳工作。狭义上的出纳工作则指各单位会计部门专设出纳岗位的各项资金收付和核算等工作。

出纳人员也分为广义狭义,广义上包括会计部门的出纳工作人员和业务部门的各类收款员、工资发放员等;狭义上出纳人员就是指单位会计部门从事资金收付和核算工作的人员。一般我们所说的出纳人员都是指狭义上的出纳人员。

二、出纳的工作范围

出纳工作,它是企业、事业等单位的货币资金、票据以及有价证券等的收付、保管、核算工作的总称。出纳工作与会计工作对单位来说同等重要,出纳工作是整个会计核算工作的基础和重要组成部分,但两者的工作范围有所区别。

出纳工作范围是根据现金管理制度和银行结算制度的有关规定,办理现金、银行存款以及各种票据、有价证券的收入、付出、保管等业务。现金和各种票据、有价证券放在出纳人员的保险柜中保管;银行存款,由出纳人员办理收支结算手续。除此以外，出纳工作还包括出纳账务处理。

出纳人员必须负责现金日记账、银行存款日记账和有关有价证券方面的一些明细分类账簿，另外一些与出纳业务没有直接联系的固定资产账、低值易耗品账，可以由出纳人员兼管，但是，出纳人员不得兼管稽核、会计档案保管和收入、支出、费用、债权债务账目的登记工作。

除了出纳人员，其他会计人员是管账不管钱，管账不管物品。会计人员进行除出纳工作以外的其他会计核算业务处理，主要包括审核和办理财务收支，编制记账凭证，登记会计账簿，编制会计报表和办理其他会计事项。规模小的公司，根据钱账分设的原则，最少应设一个会计人员和一个出纳人员，以便内部相互控制、监督，以确保公司财务的安全与完整。

三、出纳工作的重要性

出纳工作是单位会计工作的重要基础，是单位经济业务活动的第一道"关卡"。所以，随着市场经济的不断发展，出纳工作变得越来越重要，其重要性体现在如下三方面：

（1）出纳员担负着各单位会计核算的基础工作，只有做好出纳工作，才能为整个会计工作的良性发展提供必要的支持。

（2）出纳工作范围包括负责办理现金收付和银行的结算业务以及现金、票据、有价证券的保管，出纳人员只有拥有高度责任感、娴熟的技能和扎实的专业基础知识，才能避免给单位带来不必要的经济损失。出纳人员尤其要重视和热爱本职工作。

（3）出纳工作质量的好坏直接影响单位财会管理水平和单位经营决策。单位的出纳是否能合理安排、调度资金，是否能及时准确地提供单位货币资金活动信息，是否能保证货币资金的安全与完整，这些都会对单位的会计核算和经营管理产生重要影响。

第二节　出纳的工作内容

出纳的日常工作包括货币资金结算、往来结算、工资结算三方面。

一、资金结算

1. 办理现金支付，审核审批有据

严格按照国家有关现金管理制度的规定，根据稽核人员审核签章的收付款款项进行复核，办理款项收付。对于重大的开支，经过会计主管人员、总会计师或单位领导审核签章，方可办理。收款后，要在付款凭证上签章，并加盖"收讫""付讫"戳记。

2. 办理银行结算，规范使用支票

严格控制签发空头支票。如因特殊情况确需要签发填写金额的转账支票时，必须在支票上写明收款单位名称、款项用途、签发日期、规定限额和报销期限，并由领用支票人在专设登记簿上签章。对于填写错误的，必须加盖"作废"戳记，并与存根一并保存。

3. 认真登记日记账，保证日清月结

根据已经办理完毕的收款付款凭证，逐笔顺序登记现金和存款日记账，并结出余额。现金账面余额要及时与银行对账单核对。月末要编制银行存款余额调节表，使账面余额与银行对账单相符。

4. 保管有关印章，登记注销支票

出纳人员的印章必须妥善保管，严格按照规定用途使用。但签发支票的各种印章，不得全部交由一人保管。对于空白收据和空白支票，必须严格管理，专设登记簿登记，认真办理领用注销手续。

二、往来结算

1. 办理往来结算，建立清算制度

现金结算业务主要包括，企业单位与职工之间的款项结算，企业与外部单位不能办理转账手续和个人之间的款项结算。对应收、应付款项要及时催收结算和清偿。建立往来款项清算手续制度，对购销业务以外的暂收、暂付、应收、应付、备用金等债权债务及往来款项，要建立清算手续制度，及时清算。

2. 核算其他往来款项，防止坏账损失

对于购销业务以外的各项往来款项，要按照单位和个人分户设置明细账，根据审核后的记账凭证逐笔登记，并经常核对余额。年底要列抄清单，并向有关部门报告。

三、工资结算

根据实有职工人数、工资等级和工资标准，审核工资奖金计算表，办理代扣款项，计算实收工资。发放的工资奖金必须有领款人签名和盖章，发放完毕，要及时将工资和奖金计算表附在记账凭证后或单独装订成册，并注明记账凭证编号，妥善保管。

第三节 出纳人员的职业素质与能力要求

出纳工作由于其岗位的特殊性，出纳人员每天会与金钱打交道，稍有不慎就会造成难以挽回的经济损失。出纳人员除了要有丰富的专业知识与过硬的实操技术，更需要有良好的职业道德。提高出纳人员的职业道德修养，除了需要社会上更多的人理解支持出纳工作，为出纳人员做好工作创造一个良好的社会舆论环境，还需要出纳人员自身不断加强政治理论学习，提高自身修养和素质，树立良好的职业品质、严谨的工作作风，严守工作纪律，努力提高工作效率和工作质量。出纳人员的职业道德要求和职业素养主要包括廉洁自律、客观公正、细心严谨、诚实守信等。

一、廉洁自律

廉洁自律的基本要求：对于违反国家财经纪律和财务会计制度的开支，有权做出拒绝付款、拒绝报销的决定，并同时向单位领导和上级部门报告。一方面善于运用职业权利，敢于同违法违纪现象做斗争，抵制不正之风；另一方面不能以权谋私、违法乱纪，坚决抵制不讲原则、屈服领导权势、睁一只眼闭一只眼的做法。

二、客观公正

客观公正是出纳人员的灵魂，也是会计工作最主要的职责行为。出纳员在办理会计事务中，应当实事求是、客观公正。出纳人员在执行工作任务时，要做到实事求是、客观公正，需从实质上、形式上保持独立，不能因关系亲疏而异，应坚持法不容情的原则，在各个环节上把好人情关。

三、细心严谨

出纳工作接触金钱的机会比较多，细心非常重要，如果粗心大意就可能给公司造成损失。在日常工作中要做到办公整洁、收支计算准确、钱款当面核清、票据存放有序、账簿登记无误、交接手续齐全。

四、诚实守信

诚实守信是会计职业道德的一个重要内容，是一切道德的基础和根本，是人之为人的最重要的品质。诚实守信要求每一名出纳员实事求是，不弄虚作假，不欺上瞒下，诚恳老实，有信无欺。

出纳是一项光荣与神圣的工作，保护货币资金的安全与完整是出纳人员的职责。虽常在河边走，但要做到不湿鞋，出纳人员一定要有廉洁奉公、忠于职守的精神。少数出纳人员利用职务之便贪污舞弊、挪用公款，或者弄虚作假、造假凭证、造假账，害了自己更害集体，给国家和集体造成极大损失，这样的教训每个出纳员都应引以为鉴。出纳人员要明确自己的职责，保持清正廉洁的作风与职业道德，才能赢得社会的尊重、理解与支持。《中华人民共和国会计法》第四十条亦明确规定："因有提供虚假财务报告，做假账，隐匿或者故意销毁会计凭证、会计账簿、财务会计报告，贪污、挪用公款，职务侵占等与会计职务有关的违法行为被依法追究刑事责任的人员，不得再从事会计工作。"出纳人员在明确自己肩负责任的基础上，要树立"出纳工作光荣"的信念，热爱本职工作，真正肩负起国家所赋予的会计监督的职责。

第二章
会计科目和账户

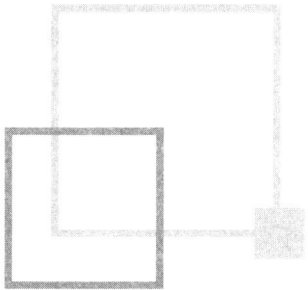

第一节　认识会计科目

一、会计科目的概念

会计科目是对会计对象具体内容进行分类核算的类目。设置会计科目是会计核算基本方法之一，它将会计要素具体构成内容进行分类，使其成为具体的会计核算项目；设置会计科目是编制会计凭证和设置会计账户的依据；设置会计科目也是编制会计报表，进行会计检查和分析的基础。

二、设置会计科目的原则

会计科目应根据企业会计准则和国家统一的会计制度的规定设置和使用。设置会计科目应遵循以下原则：

（1）设置会计科目必须符合国家宏观经济管理要求，符合企业自身经济管理要求，还要符合投资者等有关各方面对企业生产经营情况的要求。

（2）设置会计科目既要讲求统一性，又要讲求灵活性；企业在不影响提供统一核算指标的前提下，可以根据实际情况自行增设、减少或合并某些会计科目。

（3）设置会计科目要保持相对稳定性，便于不同时期的会计核算指标进行比较和汇总。

（4）设置会计科目必须简明扼要，内容确切，通俗易懂。

三、会计科目分类

（1）按反映的经济内容分类，会计科目可以分为五类：资产类、负债类、所有者权益类、成本类和损益类。

（2）按照提供指标的详细程度分类，会计科目可以分为总账科目、明细科目。总账科目又称一级科目，是对会计对象的具体内容进行总括反映。明细科目又可分为二级明细科目和三级明细科目。二级明细科目通常又称子目，三级明细科目通常又称细目，它们都是对总账科目进一步详细分类的科目。例如："应收账款"科目是一个总账科目，可以按客户下设"A 工厂""B 公司"等细目。又如"生产成本"是一个总账科目，下可设"基本生产""辅助生产"两个子目，"基本生产"子目下还可按产品品种、规格分设细目。

四、账户的结构

开设账户的依据是会计科目，按照会计科目规定的名称和内容，设置特定结构的账户，用来分门别类地记录各种具体的经济业务，这就是设置账户。账户的设置是为了全面清晰地记录各项经济业务，尽管各项经济业务纷繁复杂，但从量上看，不外是增加和减少两种情况，所以账户结构也相应由两个基本部分组成，一部分反映会计要素数额的增加，另一部分反映会计要素数额的减少。账户的格式多种多样，但其基本结构通常划分为左、右两方，内容一般包括：①账户名称（会计科目）；②日期和摘要（经济业务发生时间和内容）；③凭证号数（账户记录的依据）；④增加和减少的金额；⑤余额。

由于会计实行分期核算，所以账户中记录的金额就自然分为：期初余额、本期增加额、本期减少额和期末余额。如果将本期的期末余额转入下期，就是下期的期初余额。四者的关系如下：

本期期末余额＝期初余额+本期增加发生额-本期减少发生额

借贷记账法下，借贷两方哪一方登记增加额，哪一方登记减少额，取决于各账户记录的经济内容即账户的性质。

第二节　认识会计账户

会计科目只是分类核算的项目或标志，设置会计科目以后，还必须根据规定的会计科目开设反映不同经济内容的账户，以便于连续、系统地对各种经济业务的发生情况以及由此引起的各项资金变化情况分门别类地进行反映和监督。

一、账户的概念

账户是根据会计科目开设的，具有一定结构，用来系统、连续地记载各项经济业务的一种手段。会计科目与账户是两个既有联系又相区别的不同概念。它们的联系在于会计科目是开设账户的依据，是账户的名称，而账户是会计科目的具体运用，会计科目所反映的经济内容就是账户所要登记的内容。它们的区别在于会计科目只是对会计对象具体内容的分类，本身没有结构，账户则有相应的结构，具体反映资金运作状况。另外，会计科目是由会计制度统一规定的，而账户是由单位根据会计科目自行设置的。

二、账户分类

会计科目有总账科目与明细科目之分，账户也有总分类账与明细分类账之分。明细分类账是总分类账的从属账户，一个总分类账所属的各明细分类账户余额总和应等于该总分类账户的余额。

出纳应该对本单位的全部账户设置情况做到心中有数，但出纳需要设置的账户很少，主要有"现金日记账""银行存款日记账"以及与"短期投资""长期债权投资""长期股权投资"有关的有价证券明细分类账。

第三章
原始凭证填制

第一节　认识原始凭证

原始凭证又称单据。它是证明经济业务已经发生，载明经济业务的具体内容，明确经济责任，并用作记账原始依据的一种会计凭证。

原始凭证按其来源不同，可分外来原始凭证和自制原始凭证两种。

（一）外来原始凭证

外来原始凭证是指在同外单位发生经济往来事项时，从外单位取得的凭证。如购买商品的增值税专用发票（表3-1）、普通发票，对外支付款项时取得的收据等都是外来原始凭证。

表3-1　增值税专用发票

省增值税专用发票　　No.00000000

发票联

校验码：			开票日期：	年　月　日
购货单位	名　称		密码区	
	纳税人识别号			
	地址、电话			
	开户行及账号			

续表

货物或应税劳务名称	单位	数量	单价	金额 千 百 十 万 千 百 十 元 角 分	税率	金额 百 十 万 千 百 十 元 角 分
合计						
价税合计（大写）	仟 佰 拾 万 仟 佰 拾 元 角 分（小写）					

销货单位	名　称		备注
	纳税人识别号		
	地址、电话		
	开户行及账号		

收款人：　　　复核：　　　开票人：　　　销货单位：

第一联：发票联购买方核算采购成本和增值税进项税额的记账凭证

（二）自制原始凭证

自制原始凭证，是指在经纪业务发生或完成时，由本单位内部经办部门或人员填制的凭证。如验收材料的收料单、领用材料的领料单、产品入库单（表3-2、表3-3）。

表3-2　收料单

收 料 单

供货单位：_____

发票号码：_____　　　年　　月　　日　　　收货仓库：_____

材料类别	名称及规格	计量单位	数量		实际成本		计划成本		差异
			应收	实收	单价	金额	单价	金额	

此联验收留存

验收：　　　保管：　　　记账：　　　制单：

表3-3 领料单

领　料　单 （领料部门留存）

领料单位：　　　　　　　　　　　　　　　　　　凭证编号：

用途：　　　　　　　年　　月　　日　　　　　　发料仓库：

材料编号	材料名称	规格	计量单位	数量 请领	数量 实发	单位成本	金额	备注

发料人：　　　　领料单位负责人：　　　　　领料人：

原始凭证按其填制的手续不同，可以分为一次凭证和累计凭证两种。

（一）一次凭证

一次凭证是指对一项经济业务或者若干项同类经济业务，在其发生后一次填制完毕的原始凭证。外来凭证和大部分自制原始凭证都是一次凭证，如收款收据、费用报销单据、销货发票等，如表3-4所示。

表3-4 差旅费报销单

差旅费报销单

部门：　　　　　　　　　　填报日期　　　　　年　　月　　日

姓名			出差事由					出差日期	自 年 月 日 至 年 月 日		共 天		
起讫时间及地点				车船费		夜间乘车补助费			出差补助费		住宿费		其他
月	日 起	月	日 讫	类别	金额	时间	标准	金额	日数	标准	金额	日数	标准	金额	摘要	金额
						小时	％									
						小时	％									
						小时	％									
						小时	％									
						小时	％									
		小计														
共计金额（大写）				仟　佰　拾　元　角　分					预支____　核销____　退补____							

附单据共　　张

主管：　　　　　部门：　　　　　审核：　　　　　填报人：

（二）累计凭证

累计凭证是指在一定时期内连续记载同类经济业务，填制手续在一张凭证中多次进行才能完成，至期末，按其累计数作为记账依据的原始凭证。它主要适用于某些经常重复发生的经济业务，最典型的如限额领料单，如表3-5所示。

表3-5 限额领料单

限额领料单　　1（领料部门）

领料单位：　　　　　　　　　　　　　　　　凭证编号：
用途：　　　　　　　　年　月　日　　　　　发料仓库：

材料编号	材料名称规格	计量单位	计划投产量	单位消耗定额数量	领用限额	实发	
						单价	金额
						千百十万千百十元角分	千百十万千百十元角分

日期	领用			退料			限额结余数量
	数量	领料人	发料人	数量	退料人	收料人	

生产计划部门：　　　　　供销部门：　　　　　　仓库：

第二节 原始凭证的编制

一、原始凭证的基本内容

经济业务的内容千差万别,因而用来记录经济业务的原始凭证的内容和格式也不尽相同。但无论如何,每种原始凭证都必须具备下列基本内容:
(1)原始凭证的名称。
(2)填制凭证的日期和凭证号码。
(3)接受凭证单位的名称,俗称抬头。
(4)经济业务的内容、数量、计量单位、单价和金额。
(5)填制凭证单位的名称及公章或专用章。
(6)经办人员的签名或盖章。
上述基本内容一般不得缺少,否则不能成为具有法律效力的原始凭证。此外,有些原始凭证还要根据管理和核算的需要增加内容,如计划指标数、合同号码等。

二、原始凭证编制程序

填制原始凭证,应按照如图3-1所示的编制步骤进行。

三、原始凭证的编制

填制原始凭证要由填制人员将各项原始凭证要素根据规定方法填写齐全,办妥签章手续,明确经济责任。为了保证原始凭证能够准确、及时、清晰地反映各项经济业务活动的真实情况,提高会计核算的质量,并具有法律效力,原始凭证的填写应严格按如下要求进行。

第三章 原始凭证填制

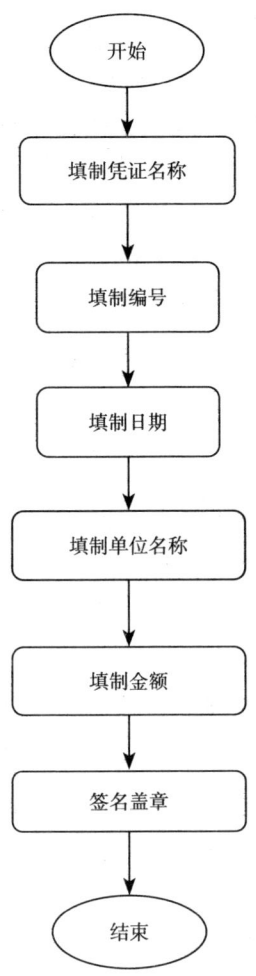

图3-1 原始凭证编制程序

（一）真实可靠、手续完备

必须实事求是地填写经济业务，原始凭证上填制日期、业务内容、数量、金额等必须与实际情况完全符合，确保凭证内容真实可靠。原始凭证上要有经办人员和有关部门负责人的签章，以明确经济责任。外单位取得的原始凭证，必须有填制单位的公章或专用章；从个人取得的原始凭证，必须有填制人签名和盖章；自制原始凭证，必须有部门负责人员和经办人员的签名或盖章；对外开出的原始凭证，必须加盖本单位的公章或专用章。有些特殊的原始凭证，出于习惯和使用单位认为不易伪造，可以不加盖公章，但这些凭证一般具有固定的、特殊的、公认的标志，如车船票、飞机票等。另外，碰到以下情况还需注意：购买实物的原始凭证，必须有实物验收证明；支付款项的原始凭证，必须有收款人和收款单位的收款说明；职工出借款借据，必须附在记账凭证后，收回借款时，应另开收据或退还借据副本，不得退还原借款借据；发生销货退回时，除填制退货发票外，还必须有退货验收证明，退款时，必须取得对方的付款收据或汇款银行的凭证，不得以退货发票代替收据；经上级有关部门批准办理的经济业务，应将批文作为原始凭证的附件。总之，各项手续都应齐全。

（二）内容完整、书写规范

原始凭证中各个模块应逐项填写，不可缺漏和省略，所有要素必须填写完整，经办人员及相关印鉴必须齐全。一式几联的原始凭证，应当注明各联用途，只能以一联作为报销凭证，作废时应当加盖"作废"戳记，连同存根一起保存，不得撕毁。凭证上的文字、字迹要工整、清晰、易于辨认，不使用未经国务院颁布的简化字；阿拉伯数字要逐个填写，不得连写。小写金额前要冠以人民币符号"￥"（用外币计价、结算的凭证，金额前应标明外币符号，如 HK$、US$ 等），中间不留空位，元以后写到角、分。无角、分的要以"0"补位。大写金额前要冠以"人民币"字样，最后为"元"的应加写"整"或"正"字断尾，大写金额与小写金额必须保持一致。一式几联的凭证，必须用双面复写纸（发票和收据本身具备复写纸功能的除外）套写，单页凭证必须用钢笔填写。凭证填写发生错误，应按规定的方法更正，不得任意涂改或挖、擦、补。现金和银行存款等收付凭证填写错误，不能在凭证上更正，应按规定的手续注销留存，另行重新填写。

（三）填制及时、连续编号

所有经办业务的有关部门和人员，在经济业务实际发生时，必须及时填制原始凭证，做到不拖延、不积压，按规定的程序及时将原始凭证送交会计部门。各种凭证要连续编号，如果凭证预先印定编号，如发票、支票、收据等，在作废时，应当加盖"作废"戳记，并连同存根和其他各联全部保存，不能随意撕毁。

第三节　原始凭证的审核

原始凭证必须经过审核，才能作为记账的依据。这是保证会计记录真实、准确，充分发挥会计监督作用的重要环节。原始凭证的审核主要包括以下四个方面。

一、原始凭证的正确性审核

原始凭证上反映的应当是经济业务的本来面目，财务人员不得掩盖歪曲和颠倒事实，在审核凭证过程中首先以口头询问的方式通过职业判断进行审核。

（1）审核原始凭证票据本身是否真实有效，是不是伪造、变造的假发票。

（2）经济业务双方当事人和单位必须是真实的。开出和接受原始凭证的单位，填制和取得原始凭证的责任人都要据实填写。

（3）经济业务的内容，发生的时间、地点、凭证的填制日期必须真实。

（4）单价金额必须真实。不得在原始凭证填写时抬高或压低单价，多开或少开金额。

（5）审核经济业务的双方当事人的签章必须有效。

二、原始凭证的合理性审核

（1）审核原始凭证所列支的支出有无违反国家法律法规，有无不符合规定或标准开支。

（2）审核原始凭证所记录的经济业务是否符合企业经济活动的需要，是否为合理开支。

（3）审核原始凭证的支出比例或金额是否超标准，超过比例和限额的不能报销。

三、原始凭证的完整性审核

审核原始凭证的手续是否完备，应填写项目是否填写齐全，有关经办人员是否都已签名或盖章，主管人员是否审批同意等。查到内容填写不全、手续不完备的凭证，应退还经办人员补办完整，然后才能据以办理收付财物并登记入账。

四、原始凭证的及时性审核

（1）审核原始凭证的填制日期是否过期，是否超过支付期限。特别是办理银行业务的原始凭证时效性强，应仔细审核其签发日期。

（2）有经费预算的支出，应在其规定的期限内报销，如果超过期限，就应拒绝报销。会计人员在认真对原始凭证审核后，应在凭证背面签上自己的名字，并注明"已审核"，以示已经过审核，同时注明审核时间，会计人员对其审核签字负有相关责任。经过审核无误的原始凭证可办理付款和记账业务。出纳人员在办理完成款项收付时，应及时在原始凭证上加盖"收讫""付讫"专用章。

第四节　实例展示：原始凭证的编制

（1）以转账支票偿还前欠A公司（北京）货款678 673元。见凭1、凭2。

凭1　　　　　　　　　　**收 款 收 据**

　　　　　　　　　　　　2022 年 12 月 5 日

| 交款单位　北京新科电子有限公司　　　　　　　收款方式　转　账 |
| 人民币（大写）　陆拾柒万捌仟陆佰柒拾叁元整　　　￥ 678 673 |
| 收款事由　2022 年 11 月 25 日销货款 |

　单位盖章：　　　记账：　　　出纳：　　　审核：　　　经办：

凭2

中国工商银行
转账支票存根

VI　VI011023

科　目＿＿＿＿＿＿
对方科目＿＿＿＿＿＿
出票日期 2022 年 12 月 5 日

| 收款人：A 公司 |
| 金　额：￥678 673.00 |
| 用途：付款 |

单位主管　　　　会计

（2）支付 J 货运公司（北京）销售产品运输费 79 859.52（68 256×1.17）元。见凭 3、凭 4。

凭3　　　　　　　　**J 货运公司**　　　　　　　　　陆

　　　　　　　发票联（费用结算）　　　　　　字 No.003256

地址：北京市大望路　　电话总机：010-5731521

运输单位：北京市新科电子有限公司

运输方式或船名：铁路　　合约＿＿＿＿　品名：A 产品　　　　数量：1

项目	金额	
	十　万　千　百　十　元　角　分	上述货物　10　5　月　日在北京 　　　　　11　12
运输费	7　9　8　5　9　5　2	

23

续表

定额费用								
装卸/堆存费								装运深圳
劳务费								单据号码：
报关及电脑打印费								
银行手续费								
合计	¥	7	9	8	5	9	5	2

中国银行北京市分行　　　　附件1张　复核：　　　　制单：

账号：469018614511243　　邮政编码：100082

凭4　　　　　　委托收款凭证（交款通知）　　　　5

委托日期2022年12月5日

委托日期　　　第　　　号

付款期限　　年　月　日

收款单位	全称	J货运公司	付款单位	全称	北京新科电子有限公司
	账号	469018614511243		账号或地址	341702186591462
	开户银行	中国银行北京分行　行号　43017		开户银行	工行中关村支行
委收金额	人民币（大写）	柒万玖仟捌佰伍拾玖元伍角贰分		小写金额	79 859.52
款项内容		运输费	委托收款凭据名称		附寄单证张数
备注：			付款单位注意： 1. 付款结算办法，上列委托收款，如在付款期限内未拒付时，即视同全部同意付款，以此联代支款通知。 2. 如需提前付款或多付款时，应另写书面通知书送银行办理。 3. 如系全部或部分拒付，应在付款期限内另填拒绝付款理由书送银行办理。		

单位主管：　　会计：　　复核：　　记账：　　付款单位开户行盖章　　　月　　日

（3）自Q公司（北京）购入原材料后，货款以转账支票支付。增值税专用发票上标明的金额为22 000元，材料尚未收到。见凭5、凭6。

凭5

北京市增值税专用发票
发 票 联

开票日期　2022年12月6日　　　No.08211421

购货单位	名称	北京新科电子有限公司	税务登记号	2 9 6 3 1 0 8 7 4 3 2 8 9 0
	地址、电话	北京市海淀区 010-82264728	开户银行及账号	工行中关村支行341702186591462

货物或应税劳务名称	规格型号	数量单位	数量	单价	金额 万千百十元角分	税率（%）	金额 万千百十元角分
丙材料		k	4 000	5.50	2 2 0 0 0 0 0	13	2 8 6 0 0 0

| 价税合计：贰万肆仟捌佰陆拾元整　　￥24 860.00 ||||||||
| 备注 ||||||||

销货单位	名称	Q公司	税务登记号	2 4 3 2 2 2 9 3 2 1 9 8 0 0 6
	地址、电话	海淀区知春路 010-23501178	开户银行及账号	工行知春路支行610222490813379

凭6

```
中国工商银行
转账支票存根
VI  VI011025
科　　目 _____
对方科目 _____
出票日期 2022年12月6日

收款人：Q公司

金额：24 860元

用途：付款

单位主管　　　　会计
```

（4）收到甲公司（上海）前欠货款 832 700 元。见凭 7。

凭7　　　　中国工商银行进账单（回单或收账通知）

借款日期 2022 年 12 月 8 日　　　　第　　号

收款人	全称	北京新科电子有限公司	付款人	全称	甲公司								
	账号	341702186591462		账号	721826570023364								
	开户银行	工行中关村支行		开户银行	浦东支行								
人民币（大写）		捌拾叁万贰仟柒佰元整			千	百	十	万	千	百	十	元	角	分
								¥	8	3	2	7	0	0	0
付款单位名称或账号		种类	票据号码		百	十	万	千	百	十	元	角	分
										收款人开户行盖章			

单位主管：　　　　会计：　　　　复核：　　　　记账：

（5）职工贾林出差回来报销差旅费 4 628.40 元。退回现金 371.60 元。见凭 8、凭 9。

凭8　　　　　还　款　凭　证

借款日期 2022 年 12 月 2 日

借款原因：上海市购货	借款人签章：贾林
借款金额　　大写：伍仟元整　　　　　　¥：5 000.00	左列数项已于 12 月 8 日全部结清。 报销数 ¥4 628.40 退还数 ¥371.60 补付数 ¥

凭9　　　　　　　　　　外埠差旅费报销表

单位：　　　　　　　　　　　　　　　　　　　　　　　2022年12月8日填

姓名		贾林	出差事由			上海市购货			
出差天数		自2022年12月3日至12月7日止共5天							备注
2021年	起止	起讫地点（由何处到何地）	伙食补助费			车船旅馆费		金额合计	
月	日	时		天数	定额	金额	单据张数	金额	
12	3	起	北京－上海	4	100	400	13	4 200	4 600
12	7	止							
		起					2	28.40	28.40
		止							
		起							
		止							
		合计							
实报金额（大写）			肆仟陆佰贰拾捌元肆角整　　4 628.40						

主管人：　　　　　　会计：　　　　　　领报人：贾林

（6）以现金购买办公用品42元。见凭10。

凭10　　　　　　　北京市行政事业收费统一票据

开票日期：2022年12月8日　　　　　　　　　　　　　　　No.042431

名称		北京新科电子有限公司
用途		
身份证号		
金额	（小写）	￥42.00
	（大写）	佰　拾　万　仟　佰　肆　拾　贰　元　角　分
备注		

收款单位财务专用章：　　　　　　　　　　　　　　　收款人：

（7）收到华兴电子有限公司投资的仓库一幢，该仓库原值为 1 000 000 元，已提折旧 200 000 元。见凭 11。

凭11　　　　　　　　　　　**固定资产交接单**

2022 年 12 月 9 日

名称	规格	单位	数量	预计使用年限	已使用年限	原值	已提折旧	评估价值
仓库	砖混结构	幢	1	40	8	1 000 000	200 000	800 000
调出单位 财务主管： 经　办：					调入单位 财务主管： 经　办：			

（8）以现金支付邮费 21 元。见凭 12。

凭12

　　　　　　　　　　　　　　　　　　　　　　　日　数　3812

邮件收据
3241CN 北京市
种类：国内特快信函　　　重（克）：87　　　报价金额：0.00

邮费 20.00　　保价费 0.00　　保险费：1.00　　验关费：0.00
代客报关费：0.00　　检疫费：0.00　　通建费：0.00　其他：0.00
合计金额：贰拾壹元整　　　￥21.00

邮件内装物品详细名称　　说明书

寄件人姓名地址：北京新科电子有限公司

收件人姓名地址：上海嘉业电子有限公司　张文良（收）	收寄人员签名： 宋元明

（9）何坤退还借款 4 500 元。见凭 13。

凭13　　　　　　　　　**收据代收款凭单**　　　　　　No.021073

入账日期 2022 年 12 月 13 日

交款单位（人）：何 坤	收款方式：现金
人民币（大写）：肆仟伍佰元整	￥4 500.00
收款事由：交还借款	2022 年 12 月 13 日

科目	一级	二级或明细
借方		
贷方		

财会主管　记账　出纳　审核　经办

（10）处理废品 M，收到现金 8 775 元。见凭 14。

凭14　　　　　　　　**北京市工业企业通用发票**　　　　　No.0093265

客户名称：希望物资公司　　　　　　　　　　开票日期：2022 年 12 月 15 日

品名或加工修理	规格	单位	数量	单价	金额 十	万	千	百	十	元	角	分	备注
废品 M	K-06	kg	400	21.94	￥		8	7	7	5	0	0	

人民币合计（大写）	捌仟柒佰柒拾伍元整　　￥8 775.00		
企业名称	（加盖发票专用章）	开户银行	结算方式
		账　号	电　话

第四章
记账凭证编制

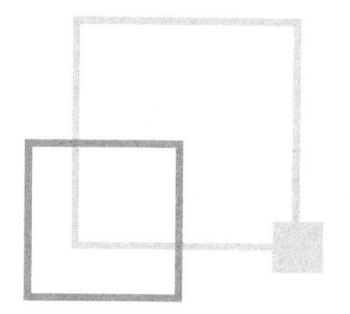

第一节　认识记账凭证

记账凭证又称分录凭证，它是根据原始凭证或原始凭证汇总表编制，用来确定会计分录，作为记账直接依据的一种会计凭证。

记账凭证按其用途，可以分为专用凭证和通用凭证两种。专用凭证是专门用于某一类经济业务的，具体又可分为收款凭证、付款凭证和转账凭证三种。

（1）收款凭证是用以反映货币资金收入业务的记账凭证，根据货币资金收入业务的原始凭证填制而成。它一般按现金、银行存款和其他货币资金分别编制。

（2）付款凭证是用以反映货币资金支出业务的记账凭证，根据货币资金支出业务的原始凭证填制而成。它一般按现金、银行存款和其他货币资金分别编制。

（3）转账凭证是用以反映与货币资金收付无关的其他转账业务的记账凭证，根据有关转账业务的原始凭证或账簿填制而成，如表4-1所示。

表4-1　转账凭证

转　账　凭　证

年　　月　　日　　　　　　　　　　第_____号

摘要	会计科目	借方金额	贷方金额	账页或√
		千百十万千百十元角分	千百十万千百十元角分	
	合计			

会计主管：　　　　　记账：　　　　　审核：　　　　　制单：

记账凭证按其编制的方式不同，可分为单式记账凭证和复式记账凭证两种。

单式记账凭证是在每张凭证上只填列一个账户名称，而对应的名称仅作参考，不据以记账。其中填列借方账户的凭证，称为借项记账凭证，填列贷方账户的凭证称为贷项记账凭证。一项经济业务涉及几个账户，就分别填制几张凭证，并采用一定的编号方法将它们联系起来。其优点是便于记账工作的分工，也便于按账户汇总，编制科目汇总表。其缺点是凭证张数多，内容分散，需加强凭证的复核、装订和保管工作。

复式记账凭证指把一项经济业务所涉及的账户集中在一张记账凭证中反映。其优点是能完整地反映一笔经济业务的全貌，即经济业务所涉及的全部账户及其对应关系，且填写方便，附件集中，便于凭证的分析和审核。其缺点是不便于分工记账，也不便于科目汇总。

第二节　记账凭证的编制

一、记账凭证的基本内容

经济业务的内容千差万别，因而用来记录经济业务的原始凭证的内容和格式也不尽相同。但无论如何，每种原始凭证都必须具备下列基本内容：

（1）原始凭证的名称。
（2）填制凭证的日期和凭证号码。
（3）接受凭证单位的名称，俗称"抬头"。
（4）经济业务的内容、数量、计量单位、单价和金额。
（5）填制凭证单位的名称及公章或专用章。
（6）经办人员的签名或盖章。

上述基本内容一般不得缺少，否则不能成为具有法律效力的原始凭证。此外，有些原始凭证还要根据管理和核算的需要增加内容，如计划指标数、合同号码等。

二、记账凭证的编制

填制记账凭证时，由会计人员将各项记账凭证要素按规定方法填写齐全，便于账簿登记。记账凭证虽有不同格式，但就记账凭证具有确定会计分录、便于保管和查阅会计资料的特点来看，各种记账凭证除严格按照原始凭证的填制要求填制外，应注意以下几点：

（1）每张记账凭证只能反映一项经济业务，除少数特殊业务必须将几个会计科目填写在一张记账凭证上外，不得将同类的经纪业务的原始凭证合并填制记账凭证，对同一笔经济业务，不得填制对应关系不清的多借多贷的记账凭证。

（2）要根据经济业务性质，按照会计制度所规定的会计科目和每一会计科目所核算的内容，正确编制会计分录，从而确保核算口径一致，以便于指标的综合汇总与分析，同时也有助于根据正确的账户关系了解有关经济业务的完成情况。

（3）记账凭证中各项内容应填写齐全，包括日期与有关责任人的签章。对于收、付款记账凭证，还必须由出纳人员签章，以分清财会人员之间的责任。

（4）记账凭证的摘要栏是用来填写经济业务的简要内容的，填写时要用简练概括的文字反映经济业务的概况，这样做便于以后登账和查阅凭证。

（5）记账凭证应按业务发生顺序和不同种类的记账凭证连续编号。可以采用专用凭证统一编号的形式，也可以按照现金收入、现金付出、银行存款收入、银行存款付出和转账五类编号，分别编为现收字第××号、现付字第××号、银收字第××号、银付字第××号、转字第××号。如果一项经济业务必须编制两笔或两笔以上会计分录，一张凭证不够时，可用分数编写，如第8笔业务需3张凭证，可编号为8/1/3，8/2/3，8/3/3。

（6）记账凭证后应附有原始凭证，并注明张数。除期末结账和更正错误的记账凭证可以没有原始凭证外，其他记账凭证都必须有原始凭证。如两张或两张以上的记账凭证依据同一原始凭证，应在未附原始凭证的记账凭证上注明原始凭证在哪一张记账凭证后或者附原始凭证复印件，以便查阅。

（7）如果在填制记账凭证时发生错误，应当重新填制。如果是已经登记入账的记账凭证在当年内发现错误的，可以用红字填写一张与原内容相同的记账凭证，在摘要栏注明"注销某月某日某号凭证"字样，同时再用蓝字重新填制一张正确的记账凭证，注明"订正某月某日某号凭证"字样。如果会计科目没有错，只是金额错误，也可以将正确数字与错误数字之间的差额，另编一张调整的记账凭证，调增金额用蓝字，调减金额用红字。发现以前年度记账凭证有错误的，应当用蓝字填制一张更正的记账凭证。

第三节　记账凭证的审核

为了确保账簿记录的准确，记账前必须对已编制的记账凭证由专人进行严格审核。只有经过审核无误的记账凭证，才能作为记账的依据。审核的内容主要包括以下三方面：

（1）所附原始凭证是否齐全，是否经过审核，原始凭证所记录的经济业务和数额与记账凭证是否一致。

（2）审核会计科目使用是否正确，账户对应关系是否清晰，应借、应贷的金额是否平衡，核算内容是否符合会计制度规定。

（3）记账凭证中应填写的项目是否填写齐全，有关人员是否签章。如果在记账凭证复核中发现问题应及时按规定更正或重新填制。

第四节 实例展示：记账凭证的编制

（1）支付汽车修理费 1 095 元。见凭 15、凭 16。

凭15　　　　　　　　**北京市汽车维修业发票**　　　No.0075234

发票联　　　　　　　　　　　　　　税务登记证号 _____

名称：北京新科电子有限公司　　　　开票日期：2022 年 12 月 20 日

车辆照号			2478		合同号								
项目	工时费				材料费	材料管理费	辅材费	金额					
	单位	数量	单价	金额				万	千	百	十	元	角	分
修车费	小时	3	40	120	975			￥	1	0	9	5	0	0

人民币合计（大写）壹仟零玖拾伍元整　　　￥1 095.00

企业名称	（加盖发票专用章）	地址		
		开户银行	工行中关村支行	账号	341702186591462	备注	货运车维修
		结算方式		联系电话			

负责人（章）：　　　开票人（章）：　　　复核人（章）：　　　收款人（章）：

36

凭16

```
            中国工商银行
            转账支票存根
            Ⅵ   Ⅵ011033
         科   目＿＿＿＿＿＿＿
         对方科目＿＿＿＿＿＿＿
         出票日期 2022 年 12 月 20 日
         ┌─────────────────────────┐
         │ 收款人：万达汽车修配厂      │
         │ 金额：1 095.00 元          │
         │ 用途：汽车修理费            │
         └─────────────────────────┘
            单位主管：      会计：
```

记账凭证

2022 年 12 月 20 日　　　　　　　　　　凭证号：52（1/1）

北京新科电子有限公司　　　　　　　　　　附单据 2 张

摘要	会计科目	借方金额	贷方金额
付汽车修理费	管理费用——车辆开支	1 095.00	
付汽车修理费	银行存款——工商银行		1 095.00
合计		1 095.00	1 095.00

会计主管：　　　记账：　　　出纳：　　　审核：　　　制单：

（2）收到外商捐赠新设备 W 一台，不需要安装，直接交车间使用，按国内市场价值 80 000 元入账。为捐赠仪式购鲜花 100 元、横幅 100 元，以现金支付。见凭 17、凭 18。

凭17

北京市商业零售专用发票
发 票 联

购货人：北京新科电子有限公司　　　　　　　2022 年 12 月 20 日

商品名称	规格	数量	单位	单价	金 额						
					十万	万	千	百	十	元	角	分
鲜花							￥	1	0	0	0	0
横幅							￥	1	0	0	0	0
合计人民币（大写）	贰佰元整											

企业名称（盖章）：　　　　　会计：　　　　　制表：

凭18

固定资产验收单

2022 年 12 月 20 日　　　　　　　　　　编号：

名称	规格型号	来源	数量	购价	使用年限	预计残值
设备 W		外商捐赠	1	80 000	8	
安装费	月折旧率	建造单位	交工日期	附件		
			年 月 日			
验收部门	设备科	验收人员	李平	管理部门	设备科	管理人员	王磊
备注						

记账凭证

2022 年 12 月 20 日　　　　　　　　　　凭证号：53（1/1）

北京新科电子有限公司　　　　　　　　　　　　附单据 2 张

摘要	会计科目	借方金额	贷方金额
收到外商捐赠设备一台	固定资产——设备 W	80 000.00	
购鲜花、横幅	管理费用——办公费	200.00	
购鲜花、横幅	库存现金		200.00
收到外商捐赠设备一台	资本公积		80 000.00
合计		80 200.00	80 200.00

会计主管：　　　记账：　　　出纳：　　　审核：　　　制单：

（3）归还短期借款 100 000 元，划付利息 2 100 元（前两月已预提利息 1 400 元）。见凭 19、凭 20。

凭19　　　　　　　**中国工商银行利息回单**

2022 年 12 月 20 日

收款单位	账号	341702186591462	付款单位	账号	341702186591462
	户名	中关村支行		户名	北京新科电子有限公司
	开户银行	工行中关村支行		开户银行	工行中关村支行
积数		利率：8.4%			利息：¥2 100.00
第 4 季度利息　¥2 100.00			银行盖章		

凭20

```
          中国工商银行
          转账支票存根
          VI   VI011034
      科  目 _____
      对方科目 _____
      出票日期 2022 年 12 月 20 日
      ┌─────────────────────────┐
      │ 收款人：工行中关村支行      │
      ├─────────────────────────┤
      │ 金额：102 100.00 元         │
      ├─────────────────────────┤
      │ 用途：归还短期借款及利息    │
      └─────────────────────────┘
      单位主管：        会计：
```

记账凭证

2022 年 12 月 20 日　　　　　　　　　凭证号：54（1/1）

北京新科电子有限公司　　　　　　　　　　　　附单据 2 张

摘要	会计科目	借方金额	贷方金额
归还短期借款及利息	短期借款	100 000.00	
归还短期借款及利息	财务费用——利息	700.00	
归还短期借款及利息	应付利息	1 400.00	
归还短期借款及利息	银行存款——工商银行		102 100.00
合计		102 100.00	102 100.00

会计主管：　　　记账：　　　出纳：　　　审核：　　　制单：

（4）向 H 公司（上海）销售 B 产品共计 280 000 元。按规定收取增值税 36 400 元，款项尚未收到。见凭 21。

40

凭21

北京市增值税专用发票
发 票 联

开票日期 2022 年 12 月 21 日　　　　　　　　No.0231461

<table>
<tr><td rowspan="2">购货单位</td><td>名称</td><td colspan="2">H公司</td><td>税务登记号</td><td colspan="13">5 8 7 6 0 5 2 9 4 9 5 7 0 2 1</td></tr>
<tr><td>地址、电话</td><td colspan="2">上海市浦东区</td><td>开户银行及账号</td><td colspan="13">工行浦东支行</td></tr>
<tr><td rowspan="3">货物或应税劳务名称</td><td rowspan="2">规格型号</td><td rowspan="2">数量单位</td><td rowspan="2">数量</td><td rowspan="2">单价</td><td colspan="8">金额</td><td rowspan="2">税率(%)</td><td colspan="8">金额</td></tr>
<tr><td>百</td><td>十</td><td>万</td><td>千</td><td>百</td><td>十</td><td>元</td><td>角</td><td>分</td><td>百</td><td>十</td><td>万</td><td>千</td><td>百</td><td>十</td><td>元</td><td>角</td><td>分</td></tr>
<tr><td>B产品</td><td>K</td><td></td><td>100</td><td>2 800</td><td></td><td></td><td>2</td><td>8</td><td>0</td><td>0</td><td>0</td><td>0</td><td>0</td><td>13</td><td></td><td></td><td></td><td>3</td><td>6</td><td>4</td><td>0</td><td>0</td><td>0</td></tr>
<tr><td colspan="14">价税合计：叁拾壹万陆仟肆佰元整　　　￥316 400.00</td></tr>
<tr><td colspan="14">备注</td></tr>
<tr><td rowspan="2">销货单位</td><td>名称</td><td colspan="2">北京新科电子有限公司</td><td>税务登记号</td><td colspan="13">2 9 6 3 1 0 8 7 4 3 2 8 9 0 X</td></tr>
<tr><td>地址、电话</td><td colspan="2">北京市海淀区
010-82264728</td><td>开户银行及账号</td><td colspan="13">工行中关村支行 341702186591462</td></tr>
</table>

收款人：　　　　　　　　　　　　　　开票单位（未盖章无效）：

记账凭证

2022 年 12 月 21 日　　　　　　　凭证号：55（1/1）

北京新科电子有限公司　　　　　　　　　　　　附单据 1 张

摘要	会计科目	借方金额	贷方金额
销售产品未收款	应收账款——H 公司	316 400.00	
销售产品未收款	主营业务收入		280 000.00
销售产品未收款	应交税费——应交增值税（销项税额）		36 400.00
合计		316 400.00	316 400.00

会计主管：　　记账：　　出纳：　　审核：　　制单：

（5）本公司没有履行销售合同，开出转账支票向 M 公司（北京）支付违约金和赔偿金，共计 4 800 元。见凭22、凭23。

凭22　　　　　　　　**收款收据**

交款单位：北京新科电子有限公司　　2022 年 12 月 21 日　　结算方式　转账

项目	内容	金额
违约金、赔偿金		4 800.00
合计人民币（大写）肆仟捌佰元整		￥4 800.00

收款人单位（印章）：　　　　　　　　　　　收款人（签章）：

凭23

中国工商银行
转账支票存根
VI　VI011035
科　　目＿＿＿＿＿＿＿
对方科目＿＿＿＿＿＿＿
出票日期 2022 年 12 月 21 日

收款人：M 公司
金额：4 800.00 元
用途：付违约金、赔偿金

单位主管：　　　会计：

记账凭证

2022 年 12 月 21 日　　　　　　　凭证号：56（1/1）

北京新科电子有限公司　　　　　　　　　　附单据 2 张

摘要	会计科目	借方金额	贷方金额
付违约金和赔偿金	营业外支出	4 800.00	
付违约金和赔偿金	银行存款——工商银行		4 800.00
合计		4 800.00	4 800.00

会计主管：　　　记账：　　　出纳：　　　审核：　　　制单：

（6）购买办公用品，现金支付 120 元。见凭24。

凭24　　　　　　　北京市外商投资企业统一发票

　　　　　　　　　　　　　发票联　　　　　　京外 63-3100435

TO：北京新科电子有限公司　　　INVOICE　　　2022 年 12 月 22 日

品名规格或加工修理	计量单位	数量	单价	金额 百 十 万 千 百 十 元 角 分	备注
NL-0302	个	40	3.00	1 2 0 0 0	
合计人民币（大写）壹佰贰拾元整				¥　　　　1 2 0 0 0	

企业（盖章有效）　　　　　　财务　　　　　　开票
地址　　　　　　　　　　　　税务登记号　　　工商执照字号

记账凭证

　　　　　　　2022 年 12 月 22 日　　　　　　凭证号：57（1/1）

北京新科电子有限公司　　　　　　　　　　　　　　附单据 1 张

摘要	会计科目	借方金额	贷方金额
购买办公用品	管理费用——办公费	120.00	
购买办公用品	库存现金		120.00
合计		120.00	120.00

会计主管：　　记账：　　出纳：　　审核：　　制单：

（7）以银行存款支付 T 公司（北京）新产品设计费 30 000 元。见凭25、凭26。

凭25

收据　　　　　　　　　　　　No.010756

交款单位：北京新科电子有限公司　　2022 年 12 月 22 日　　结算方式：挂账

项目	内容	金额
新产品设计费	付设计费	30 000.00
合计人民币（大写）叁万元整		￥30 000.00

凭26

```
中国工商银行
转账支票存根
VI  VI011029
科    目＿＿＿＿＿＿
对方科目＿＿＿＿＿＿
出票日期 2022 年 12 月 22 日
┌─────────────────┐
│ 收款人：T 公司        │
│ 金额：30 000.00 元    │
│ 用途：付新产品设计费  │
└─────────────────┘
单位主管：         会计：
```

记账凭证

2022 年 12 月 22 日　　　　　　凭证号：58（1/1）

北京新科电子有限公司　　　　　　　　附单据 2 张

摘要	会计科目	借方金额	贷方金额
付新产品设计费	管理费用——其他	30 000.00	
付新产品设计费	银行存款——工商银行		30 000.00
合计		30 000.00	30 000.00

会计主管：　　　记账：　　　出纳：　　　审核：　　　制单：

（8）职工董冰去深圳出差，回来报销差旅费 3 720 元。见凭 27～凭 29。

凭 27　　　　**广东省家业旅社（宾馆）招待所统一发票**
　　　　　　　　　　　　　　发　票　联

客户名称：董冰　　　　　　　　　　　　　　2022 年 12 月 20 日填制

项目	房铺号	起		止		天数	人数	单价	金额					
		月	日	月	日				千	百	十	元	角	分
住宿						3	1	250		7	5	0	0	0
合计人民币		（大写）柒佰伍拾元整							¥	7	5	0	0	0

填票人：　　　　　收款人：　　　　　单位名称（盖章）：

凭 28　　　　　　　　　**外埠差旅费报销表**

单位：　　　　　　　　　　　　　　　　　　2022 年 12 月 23 日填

姓名	董冰			出差事由			深圳送货		
出差天数	自 2022 年 12 月 20 日至 12 月 22 日止共 3 天								备注
2022 年		起止	起讫地点（由何处到何地）	伙食补助费			车船旅馆费		金额合计
月	日	时		天数	定额	金额	单据张数	金额	
12	20	起	北京—深圳	3	150	450	5	2 500.00	2 950.00
12	22	止							
		起							
		止							
		起							
		止							
			合计						
实报金额（大写）			贰仟玖佰伍拾元整　　2 950.00						

主管：　　　　　会计：　　　　　领款人：董冰

凭29　　　　　　　　**广东省过路过桥费票据（代收据）**
　　　　　　　　　　　　　　　　　　　　　　　　　No.74531

收费金额	20 元
主管机关	收费单位（盖章）

记账凭证

2022 年 12 月 23 日　　　　　　　　凭证号：59（1/1）

北京新科电子有限公司　　　　　　　　　　　　　附单据 3 张

摘要	会计科目	借方金额	贷方金额
报销差旅费	管理费用——差旅费	3 720.00	
报销差旅费	库存现金		3 720.00
合计		3 720.00	3 720.00

会计主管：　　记账：　　出纳：　　审核：　　制单：

（9）从 W 公司收到出租固定资产租金收入 12 000 元，存入银行，见凭30、凭31。

凭30　　　　　　**中国工商银行进账单（回单或收款通知）**

　　　　　　　　　借款日期 2022 年 12 月 23 日　　　　　第　　号

收款人	全称	北京新科电子有限公司	付款人	全称	W 公司
	账号	341702186591462		账号	172100352179051
	开户银行	工行中关村支行		开户银行	

47

续表

人民币（大写）	壹万贰仟元整			千	百	十	万	千	百	十	元	角	分
						¥	1	2	0	0	0	0	0

付款单位名称或账号	种类	票据号码	百	十	万	千	百	十	元	角	分	
												收款人开户行盖章

单位主管：　　　　　会计：　　　　　复核：　　　　　记账：

凭31　　北京市工商企业通用发票　　No.0027538

客户名称：W公司　　　　　　　　　　开票日期：2022年12月23日

货物或劳务名称	规格	单价	金额	说明	
固定资产租金			12 000.00		
					单位盖章
合计人民币（大写）壹万贰仟元整　　¥12 000					

记账凭证

2022 年 12 月 23 日　　　　　　　　凭证号：60（1/1）

北京新科电子有限公司　　　　　　　　附单据 2 张

摘要	会计科目	借方金额	贷方金额
收到出租固定资产租金收入	银行存款——工商银行	12 000.00	
收到出租固定资产租金收入	其他业务收入		12 000.00
合计		12 000.00	12 000.00

会计主管：　　记账：　　出纳：　　审核：　　制单：

（10）向市电视台支付广告费 5 600 元。见凭32、凭33。

凭32　　　　　　　**北京市收款收据**　　　　　　No.024733

交款单位：北京新科电子有限公司　　2022 年 12 月 26 日　　结算方式

项目	内容	金额
广告费		5 600.00

合计人民币（大写）伍仟陆佰元整　　￥5 600

收款单位（印章）：　　　　　　　　　　　　收款人（签章）：

凭33

```
中国工商银行
转账支票存根
VI  VI011036
科    目_____
对方科目_____
出票日期 2022 年 12 月 26 日
----------------------------------
收款人：北京电视台
金额：5 600.00 元
用途：付广告费
----------------------------------
单位主管：        会计：
```

记账凭证

2022 年 12 月 26 日　　　　　　　凭证号：61（1/1）

北京新科电子有限公司　　　　　　　　　　附单据 2 张

摘要	会计科目	借方金额	贷方金额
付广告费	销售费用——广告费	5 600.00	
付广告费	银行存款——工商银行		5 600.00
合计		5 600.00	5 600.00

会计主管：　　　记账：　　　出纳：　　　审核：　　　制单：

第五章
会计凭证的处理

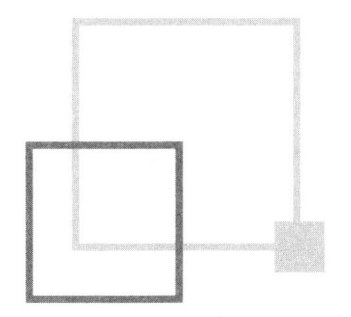

第一节　会计凭证的填写

填写会计凭证封面时，出纳人员应该按照以下步骤进行，如图5-1所示。

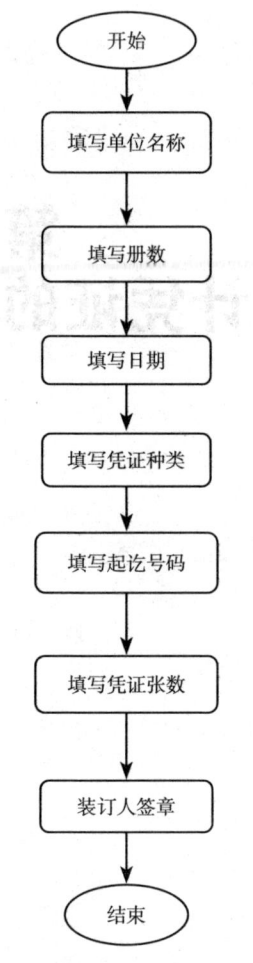

```
开始
  ↓
填写单位名称
  ↓
填写册数
  ↓
填写日期
  ↓
填写凭证种类
  ↓
填写起讫号码
  ↓
填写凭证张数
  ↓
装订人签章
  ↓
结束
```

图5-1　填写会计凭证的步骤

1. 填写单位名称

单位名称要填写本单位的全称。

2. 填写册数

"本月共 ×× 册，本册是第 × 册"要写清楚。

3. 填写日期

日期不能不填写，也不能只填写月、日，要填写年、月、日。

4. 填写凭证种类

要注明本册凭证是收、付或者转账凭证。

5. 填写起讫号码及凭证张数

"凭证张数自 ×× 号至 ×× 号"应填写清楚，填写本册凭证种类分别共多少张，及其起讫号码。需要强调的是，收款付款凭证合订的情况下，应该分别注明收款凭证及付款凭证的张数及起讫号码。

6. 装订人签章

由装订人员装订盖章。

第二节　会计凭证的保管

会计凭证保管要求及程序，如图 5-2 所示。

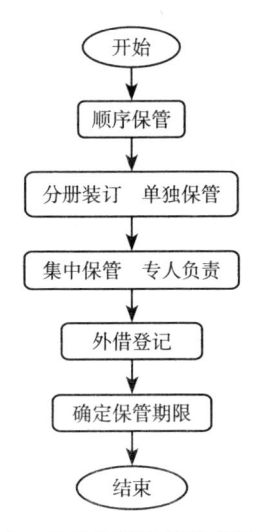

图5-2　会计凭证保管要求及程序

1. 顺序保管

会计凭证作为记录经济业务、明确会计责任的书面凭证，应当对会计凭证进行妥善保管，不得丢失或随意销毁。会计凭证登记完毕，应当分类或编号保管。

2. 分册装订　单独保管

如果每月会计凭证数量较多，可以分册装订。对于某些数量较多的原始凭证，如发货单、收货单、领料单等，可以单独保管，不附在记账凭证后，但应在封面上加以说明。

3. 集中保管　专业人员

装订成册的会计凭证应当集中保管、专人负责。装订后的会计凭证，年终终了时，可以暂时保管一年，期满之后，应当移交本单位的档案机构统一保管，或指定专人保管。出纳人员不得兼管会计档案。

4. 外借登记

会计凭证不得外借，其他单位若有特殊原因需要使用会计凭证时，经本单位会计机构负责人、会计主管人员批准，可以复制，同时在专设的登记簿上登记。

5. 确定保管期限

会计凭证保管期限和销毁手续必须严格执行会计制度的有关规定。

第三节　会计凭证的销毁

保管期满的会计凭证应该按照规定程序销毁，具体如图5-3所示。

1. 编制销毁清册

由本企业档案机构会同会计机构提出销毁意见，编制销毁清册，列明所有销毁的会计凭证名称、卷号、起止年度、档案编号、应保管期限和销毁的时间。

2. 签署意见

由企业负责人在销毁清册上签署意见。

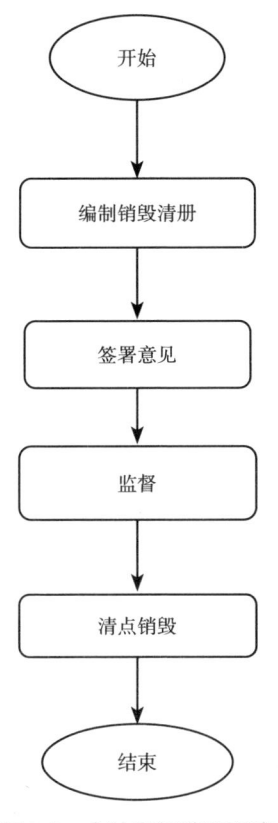

```
           开始
            │
            ▼
     ┌─────────────┐
     │ 编制销毁清册 │
     └─────────────┘
            │
            ▼
     ┌─────────────┐
     │   签署意见   │
     └─────────────┘
            │
            ▼
     ┌─────────────┐
     │     监督     │
     └─────────────┘
            │
            ▼
     ┌─────────────┐
     │   清点销毁   │
     └─────────────┘
            │
            ▼
           结束
```

图5-3　会计凭证销毁程序

3. 监督

销毁时，应由档案和会计机构共同派员监督。

4. 清点销毁

销毁人员在清点销毁前，应当按照销毁清册所列的销毁内容清点核对所要销毁的会计凭证。销毁后，应当在销毁清册上签名盖章，并将监督销毁的情况报告本企业负责人。

第六章
现金业务办理

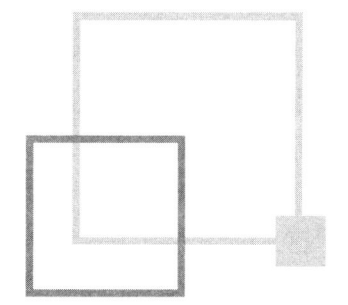

第一节　现金收付

一、现金收付的范围

现金收入的范围主要包括：出售商品产品、材料及其他物资的现金收入；提供劳务等数额较小且不能通过转账手续办理结算的现金收入；股东投资交入现金；向个人借入现金；个人归还单位以前借款；职工借用备用金报销后退回的余款；现金溢余。

现金支出的范围包括：职工工资、津贴；个人劳务报酬；奖金；福利；收购单位向个人收购农副产品和其他物资的价款；出差人员必须随身携带的差旅费；结算起点在1 000元以下的零星支出，超过结算起点的应实行银行转账，结算起点的调整由中国人民银行报国务院备案等。

二、现金收付的处理程序

（1）单位发生任何现金收付业务都必须取得或填制原始凭证，作为收付现金的书面证明。例如，向银行提取现金，应以支票存根为依据；销售商品应以发票记账联为依据。

（2）业务经办人在原始凭证上签字盖章，然后交部门负责人审核签章。例如，支付购料款时，应由采购人员在发票上签字，然后由采购部门负责人审核签字；提取现金时，先由出纳人员签发支票并盖章，然后交财务负责人审核后加盖财务专用章。

（3）财务部指定专人负责审核原始凭证的真实性、合法性和合规性后，对于真实、合法和合规的原始凭证交会计人员编制记账凭证。

（4）会计人员根据审核无误的原始凭证编制现金收款凭证和付款凭证并签章后，交出纳人员办理现金收付事项。

（5）出纳人员复核现金收付款凭证和所附的原始凭证后，按凭证所列金额收付现金，并在凭证上加盖"现金收讫"和"现金付讫"章及出纳人员名章，然后将凭证交会计人员复核。

（6）有关稽核人员复核现金收款凭证和付款凭证并签章，交出纳人员登记现金日记账，然后交会计人员登记有关明细账和总账。

（7）每天下班前，出纳人员应结出现金日记账余额，并与库存现金进行核对。对于超过库存现金限额的现金，出纳人员应填制"现金解款单"将多余现金送存银行。

（8）每月末，由有关会计人员将现金日记账和有关明细账、总账进行核对。

（9）定期或不定期地盘点库存现金，盘点时，出纳人员必须在场。

三、现金收付凭证的审核

（1）现金收、付款凭证的填写日期是否正确。现金收、付款凭证的填写日期应当为编制收、付款凭证的当天，也是办理现金收入、付出业务的日期，不得提前或推后。

（2）现金收、付款凭证的编号是否正确。现金收、付款凭证的编号应根据本单位规定的分类编号法连续编号，如有重复编号或不按日期顺序编号等情况，应将收、付款凭证退还制证人员，予以更正或重新填写。

（3）现金收、付款凭证记录的内容是否真实、合法、正确，其摘要栏的内容是否与原始凭证反映的经济业务内容相符，如发现凭证所记载的经济业务内容不正确、不完整、不符合会计凭证编制要求，应退回。

（4）使用的会计账户是否正确。如发现账户使用错误和记账方向错误等情况，应立即退回给制证人员，要求更正。

（5）现金收、付款凭证的金额与原始凭证金额是否一致。如有差错，退回制证人员更正或重新填制。

（6）收付款凭证"附单据"栏的张数与所附原始凭证张数是否相符。原始凭证是在经济业务发生时取得或填制的书面证明，是编制收、付款凭证的依据。原始凭证的张数的计算一般应以所附原始凭证的自然张数为准，凡是与收、付款凭证记录的经济业务有关的每一张证件，都应作为原始凭证附件，有一张算一张。

（7）其他注意事项。复印的原始凭证不能作为填制记账凭证的依据；如果从外单位取得的原始凭证不慎遗失，应取得原签发单位盖有公章的证明，并注明原始凭证名称、号码、金额和经济业务内容，经单位负责人批准，方能代替原始凭证；经上级批准的经济业务，应将批准文件作为原始凭证的附件，如果批准的文件需要单独存档的，则应将批准机关的名称、日期和文件字号在凭证上填写清楚。

第二节　现金业务的清查

一、现金清查的基本方法

现金清查的基本方法是实地盘点库存现金的实存数，再与现金日记账的余额进行核对，看是否相符。清查现金时，应注意以下四个方面：

（1）以个人或单位名义借款而没有按手续费编制凭证的字条，不得冲抵现金。

（2）以私人名义存放的现金等，如果事先未做声明又无充分证明的，应暂时存封。

（3）清查时，出纳应在场提供情况，积极配合；清查后，应有清查人员填制"现金盘点报告表"，列明现金账存、实存和差异的金额及原因，并及时上报有关负责人。

（4）现金清查中，如果发现账实不符，应立即查找原因，及时更正，不得以今日长款弥补他日短款。

二、现金清查结果的账务处理

如为现金短缺，则会计分录为：

借：待处理财产损溢——待处理流动资产损溢
　　　　贷：现金
如为现金溢余，则会计分录为：
　　借：现金
　　　　贷：待处理财产损溢——待处理流动资产损溢
待查明原因后作如下处理：
现金短缺时：
（1）应由责任人或保险公司赔偿的，分录如下：
　借：其他应收款（或现金）
　　　贷：待处理财产损溢——待处理流动资产损溢
（2）属于无法查明的其他原因，分录如下：
　借：管理费用
　　　贷：待处理财产损溢——待处理流动资产损溢
现金溢余时：
（1）应付给有关人员或单位的，分录如下：
　借：待处理财产损溢——待处理流动资产损溢
　　　贷：其他应付款
（2）无法查明原因的，分录如下：
　借：待处理财产损溢——待处理流动资产损溢
　　　贷：营业外收入

第三节　现金业务的管理

一、现金管理原则

（1）收付合法原则：各单位必须根据国家有关政策、法规、制度的规定收付现金。

（2）钱账分管原则：出纳人员不得兼管收入、支出、债权债务账簿的登记工作、稽核工作和会计档案的保管工作。

（3）收付两清原则：出纳人员在收付现金时，不管遇到什么情况，都应做到每笔必核，如果是付款业务，还应提醒收款人当面清点现金。

（4）日清月结原则：日清是指出纳人员每天应对发生的经济业务进行清理，并登记现金日记账，结出每天的库存现金余额，将现金日记账的账面余额与实际库存现金余额进行核对，以保证账实相符；现金日记账一般每月结一次账，然后将现金日记账余额与现金总账余额进行核对，以保证账账相符，这称为月结，业务较多的单位也可10天或半月定期结账。

二、现金管理的内容

（一）明确现金开支界限

（1）应当在现金管理规定的范围内支付现金，办理现金结算。

（2）应当保证现金支出的安全性，如职工个人的借款金额不得超过应付工资的金额，个人差旅费的出差补助不得超过规定的标准。

（二）明确现金报销手续

企业应当按照经济业务的内容和管理要求设计各种报销凭证，如借款单、差旅费报销单等。同时，企业还应规定各种报销程序和传递手续，确定各种现金支出的报销要求，超出现金开支界限或未按规定填制单据的各种支出不予报销。

（三）现金支出的审批权限

企业应根据其经营规模和内部职责分工情况，确定不同额度和不同的现金审批权限。

（四）现金收付业务分开处理，不准坐支现金

（1）企业现金收入应当于当日送存银行，当送存确有困难时，应于第二天上午送存银行。

（2）企业支付现金，可以从本单位库存现金限额中支付或从开户银行提取现金，不得坐支现金（即从本单位现金收入中直接支付）。如因特殊情况需要坐支现金的应事先报请开户银行审查批准，由开户银行核定坐支范围和限额，坐支单位应定期向开户银行报送坐支金额和使用情况。

（3）企业送存现金和从银行提取现金，必须注明来源和用途。

（五）其他规定

不准编造和谎报用途套取现金；不准利用支票等转账凭证套换现金；不准单位之间互相借用现金；不准用不符合财务制度规定的凭证（即白条）顶替库存现金；不准保留账外公款；不准将企业的现金以个人的名义存入银行。

三、现金的内部控制

企业对内部控制系统中不相容的职务，实行分工负责，建立钱账分管制度，具体包括以下内容：

（1）企业应配备专职或兼职的出纳人员办理现金收付和保管工作，非出纳人员不得办理相关业务。

（2）现金收支的授权审批和执行现金收支的职务应当分离。执行现金业务和记录现金业务的职务要分工。现金保管与稽核职务要分开。

（3）登记现金日记账和登记现金总账的职务要分工。

（4）出纳人员不得兼职管收入、费用、债权、债务等账目的登记工作。

（5）所有现金收入都必须当天入账。收入的现金都应在当日存入银行，

如果当天无法送存银行的，应于第二天上午送存银行。

（6）控制收据和发票的数量和编号。领用收据和发票必须登记领用数量和起讫编号，并由领用人签字，收据、发票的存根要回收，经收据、发票的保管人员签收后妥善保管，空白的收据、发票要定期盘存，以防短缺。

（7）所有付款的业务都必须取得原始凭证，原始凭证上必须由经办人签字证明，有关领导审核同意，会计人员审核签字后，出纳才能据此凭证付款，并加盖"现金付讫"或"银行付讫"章。

（8）存出的保证金、押金等应定期清理和核对。

第四节　实例展示：现金收付业务

一、现金收入的核算

1. 经营业务收入

制造企业的产品销售收入和其他业务收入发生时应作如下会计分录：

　借：库存现金
　　贷：主营业务收入（或其他业务收入）
　　　　应交税费——应交增值税（销项税）

2. 非经营业务收入

企业取得的现金投资收入、营业外收入发生时应作如下会计分录：

　借：库存现金
　　贷：投资收益

或

　借：库存现金
　　贷：营业外收入

3. 预收现金款项

　借：库存现金
　　贷：预收账款（应收账款）——××单位

4.其他现金收款业务

主要是指企事业单位向有关单位收取的罚款、赔款押金等。发生业务时应作如下会计分录：

收取个人罚款时的分录：

借：库存现金
　　贷：其他应收款——××个人

向其他单位收取押金时的分录：

借：库存现金
　　贷：其他应付款——××个人

二、现金支出核算

1.工资发放业务

借：应付职工薪酬
　　贷：库存现金

2.费用报销业务

借：其他应收款——××（个人）
　　贷：库存现金

出差人员持各种原始凭证报销时，若是事前预借差旅费的，应根据预借款额多退少补；未预借的，则根据批准报销金额支付现金。

报销时，实际花费超过预支额的，应作如下会计分录：

借：管理费用
　　贷：其他应收款——××（个人）
　　　　库存现金

报销时，实际花费少于预支额的，多余部分应退还财务部门，这时应作如下会计分录：

借：管理费用
　　　库存现金
　　贷：其他应收款——××（个人）

第七章
银行业务办理

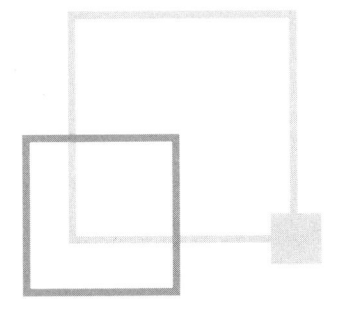

第一节　支票业务

支票是出票人签发的，委托办理支票存款业务的银行在见票时无条件支付确定的金额给收款人或者持票人的票据。单位、个体经济户和个人在同一票据交换区域内的商品交易和劳务供应及其他款项的结算均可使用支票。

支票有现金支票、转账支票、普通支票三种。支票上印有"现金"字样的为现金支票，现金支票只能用于支取现金；支票上印有"转账"字样的为转账支票，转账支票只能用于转账；未印有"现金"和"转账"字样的支票为普通支票，普通支票可以用于支取现金，也可以用来转账。在普通支票的左上角划两条平行斜线的为划线支票，划线支票只能用于转账，不得支取现金。未经划线的支票，在不违反国家现金管理的前提下，既可以用于支取现金，也可以用于转账。支票一经划线，不得更改。

一、支票的主要内容

（1）标明"支票"字样。

（2）无条件支付的委托。

（3）确定的金额。

（4）付款人名称。

（5）出票日期。

（6）出票人签章。

现金支票的票样如图 7-1 所示，转账支票的票样如图 7-1 所示。

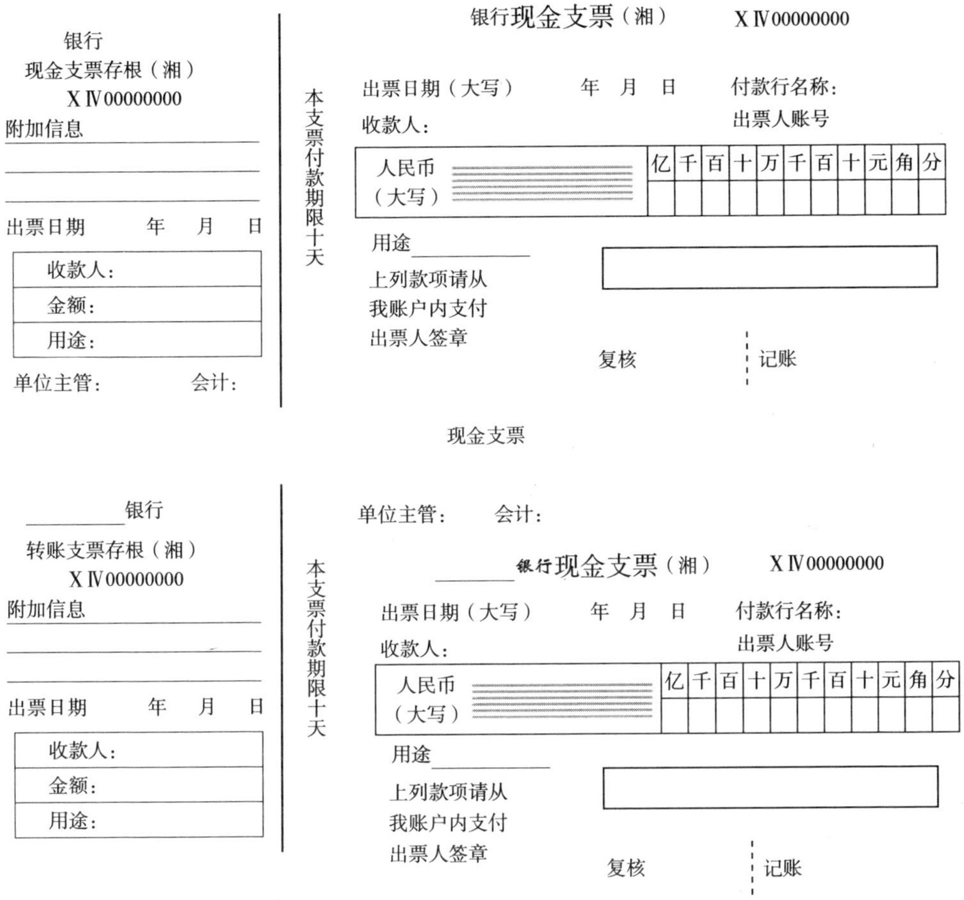

银行
现金支票存根（湘）
X Ⅳ00000000
附加信息

出票日期　年　月　日

收款人：
金额：
用途：

单位主管：　会计：

本支票付款期限十天

银行现金支票（湘）　X Ⅳ00000000

出票日期（大写）　年　月　日　付款行名称：
收款人：　出票人账号

人民币（大写）	亿	千	百	十	万	千	百	十	元	角	分

用途
上列款项请从
我账户内支付
出票人签章
复核　记账

现金支票

银行
转账支票存根（湘）
X Ⅳ00000000
附加信息

出票日期　年　月　日

收款人：
金额：
用途：

本支票付款期限十天

单位主管：　会计：

银行现金支票（湘）　X Ⅳ00000000

出票日期（大写）　年　月　日　付款行名称：
收款人：　出票人账号

人民币（大写）	亿	千	百	十	万	千	百	十	元	角	分

用途
上列款项请从
我账户内支付
出票人签章
复核　记账

图7-1　转账支票票样

二、支票结算的基本规定

（1）支票的金额、收款人名称可以由出票人授权补记，未补记前不得背书转让和提示付款。

（2）签发支票应使用墨汁或碳素墨水填写。

（3）已签发现金支票和用于支取现金的普通支票，必须符合国家现金管理规定。

（4）不准出租、出借支票。

（5）支票一律记名，提示付款期为10天（从签发的次日算起，到期日遇固定假日顺延）。

（6）用于支取现金的现金支票和未划线的普通支票均不得背书转让。转账支票和划线支票可以在票据交换区域内背书转让，未划线的普通支票如背书转让则不能用于支取现金，支票若遗失可挂失止付。

（7）出票人不准签发远期支票和空头支票；不得签发与其预留银行签章不符的支票，如出票人使用支付密码的不得签发与支付密码不符的支票。否则，银行将按票面金额处以5%但不低于1 000元的罚款；持票人有权要求出票人按票面金额的2%进行赔偿。

（8）只有存款人才可以领购支票凭证。存款人领购支票时，必须填写"票据和结算凭证领用单"并签章，签章必须与预留银行的签章相符。账户结清时，必须将全部剩余空白支票交回银行注销。

三、支票结算的基本程序

1. 现金支票结算程序（图7-2）

（1）开户单位用现金支票提取现金时，由本单位出纳人员签发现金支票并加盖银行预留印鉴后，到开户行提取现金。

（2）开户行单位用现金支票向外单位或个人支付现金时，由付款单位出纳人员签发现金支票，并加盖银行预留印鉴后交由收款人。

（3）收款人持现金支票到付款单位开户行提取现金，并按照银行的要求校验有关证件。

2. 转账支票结算程序（图7-3）

（1）付款人按应支付的款项签发转账支票后交收款人，凭支票存根贷记"银行存款"账户，借记对应账户。

（2）收款人审查无误后，填制一式两联进账单连同支票一并送交单位开户银行。

（3）银行审查无误后，在进账单的回单上加盖银行印章，退回收款人，作为收款人入账的凭据，收款人据此借记"银行存款"账户，贷记对应账户。

（4）另一联和支票银行留存，作为划转和记账凭据。

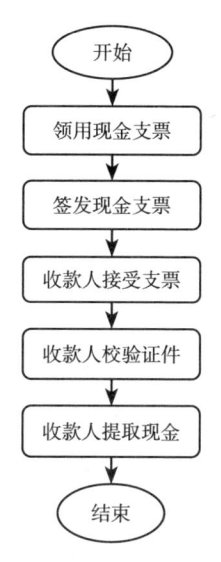

```
开始
  ↓
领用现金支票
  ↓
签发现金支票
  ↓
收款人接受支票
  ↓
收款人校验证件
  ↓
收款人提取现金
  ↓
结束
```

图7-2 现金支票结算程序示意图

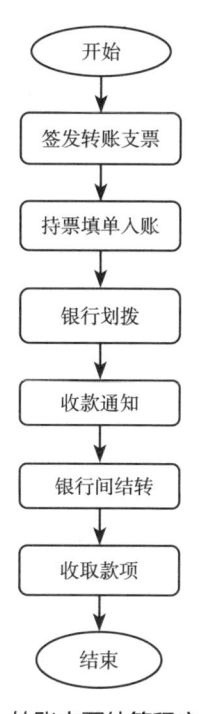

```
开始
  ↓
签发转账支票
  ↓
持票填单入账
  ↓
银行划拨
  ↓
收款通知
  ↓
银行间结转
  ↓
收取款项
  ↓
结束
```

图7-3 转账支票结算程序示意图

四、支票结算的账务处理

1. 付款单位的账务处理

企业签发现金支票提取现金时，必须在支票联背面背书后才能向开户银行提取现金。根据支票存根联编制如下会计分录：

 借：库存现金
  贷：银行存款

企业采购材料等签发转账支票时，根据支票存根联编制如下会计分录：

 借：材料采购
   应交税费——应交增值税（进项税额）
  贷：银行存款

2. 收款单位的账务处理

企业对外销售产品或提供劳务收到转账支票时，应填制"进账单"一式两联，并在支票背面背书人签章栏签章，将支票连同进账单一并送存银行，根据进账单回单及有关原始凭证编制如下会计分录：

 借：银行存款
  贷：主营业务收入
   应交税费——应交增值税（销项税额）

第二节　银行汇票业务

一、银行汇票的概念

银行汇票，就是汇款人将款项交存当地银行，由银行签发给汇款人持往异地办理转账结算或支取现金的票据。凡在银行开立账户的单位、个体工商户和未在银行开立账户的个人，都可以向银行申请办理银行汇票，而且也都可以受理银行汇票。银行汇票图样见表7-1。

表7-1 银行汇票

_____银行
银行汇票（卡片）　　1　　汇票号码

出票日期　　年　　月　　日 （大写）	代理付款行：　　　　行号：
收款人：　　　账　号：	
出票金额　　人民币 （大写）	千 百 十 万 千 百 十 元 角 分
实际结算金额　　人民币 （大写）	
申请人：　　　　　账号：	
出票行：_____　行号：_____	
备　注：_____ 复核　　　　　经办	复核　　　　　记账

此联出票行结算汇票时作汇出汇款借方凭证

汇票人申请办理银行汇票，必须填写"银行汇票申请书"（表7-2），详细填明兑付地点、收款人名称、用途等项内容。不能确定收款人的应填写汇款人指定人员的名称；如需在兑付地点支取现金的，必须填明兑付银行名称，并在"汇款金额"栏先填写"现金"字样，然后填写汇款金额；确定不得转汇的应在备注栏内注明。"银行汇票申请书"一式三联：

第一联是存根，由汇款人留存作记账凭证；第二联是支出凭证，作为签发银行办理汇票的付出凭证；第三联是收入凭证，由签发行作为汇款收入凭证。表7-2所示为银行汇票申请书的存根联。

表7-2　银行汇票申请书

<table>
<tr><td colspan="4" align="center">_____银行汇票申请书（存根）　　1
第　　　号
申请日期　　年　月　日</td></tr>
<tr><td>申请人</td><td></td><td>收款人</td><td></td></tr>
<tr><td>账号
或住址</td><td></td><td>账号
或住址</td><td rowspan="3">此联出票行给汇款人的回单</td></tr>
<tr><td>用途</td><td></td><td>代理
付款行</td></tr>
<tr><td>汇票金额</td><td colspan="2">人民币
（大写）　　　千百十万千百十元角分</td></tr>
<tr><td colspan="2">上列款项请从我账户内支付

申请人盖章</td><td colspan="2">科　目（借）_____
对方科目（贷）_____

财务主管　　复核　　经办</td></tr>
</table>

二、银行汇票的基本规定

（1）签发银行本票必须载明下列事项：①表明"银行本票"字样；②无条件支付的承诺；③确定的金额；④收款人名称；⑤出票日期；⑥出票人签章。上列事项必须记载齐全，否则银行本票无效。

（2）银行汇票的金额起点为500元。

（3）银行汇票见票即付，付款提示期限为出票日起1个月。按月对日计算，到期遇固定假日顺延。

（4）收款人若要在兑付地支取现金的，汇款人在填写"银行汇票委托书"时须在"汇款金额"大写栏内先填写"现金"字样，后填写汇款金额。

（5）银行汇票可以转让，可委托兑付银行重新签发银行汇票，但转汇的收款人和用途必须是原收款人和原用途。兑付银行必须在银行汇票上加盖"转汇"戳记，已转汇的银行汇票必须以原金额兑付。

（6）收款人持银行汇票向银行支取款项时，若分次支取，应以收款人的姓名开立临时存款账户。办理支付临时存款账户支付时使用，付完清户，不计提利息。

（7）银行汇票可以背书转让，但下列四种银行汇票不得背书转让：①填明"现金"字样的银行汇票；②出票人在票据正面记载"不得转让"字样的票据；③被拒绝承兑、拒绝付款或超过付款提示期限的票据；④未填写实际结转金额或实际结转金额超过出票金额的票据。

三、银行汇票的结算程序（图7-4）

（1）申请办理银行汇票。汇款人办理银行汇票时，应先填写"银行汇票申请书"一式三联，送本单位开户银行申请办理签发银行汇票。

（2）银行受理后，受托款项，签发银行汇票一式四联，将第二联、第三联解汇通知等交给汇款人。申请人或收款人为单位的，不得在"银行汇票申请书上"填明"现金"字样。

（3）持票结算。汇款人在汇款金额内，根据实际需要的款项办理结算，并将实际结算余额和多余金额准确、清晰地填入银行汇票和解汇通知的有关栏内，交给收款人。

（4）进账取款，通知解付。由汇出银行通知解付行按照约定日期通知收款人收款。收款人已经提示付款并收取款项或将款项送存银行后，由银行通知汇款已解付。

（5）结算划拨。兑付银行按照实际结算金额办理入账后，将银行汇票第三联解讫通知传给汇票签发银行，签发银行核对后将余额转入汇款人账户，并将银行汇票第三联多余款收账通知转给汇款人，汇款人根据此办理入账手续。

（6）结清余额。收款人按实际结算金额办理入账后，银行将多余款项转给汇款人，由汇款人收回余额。

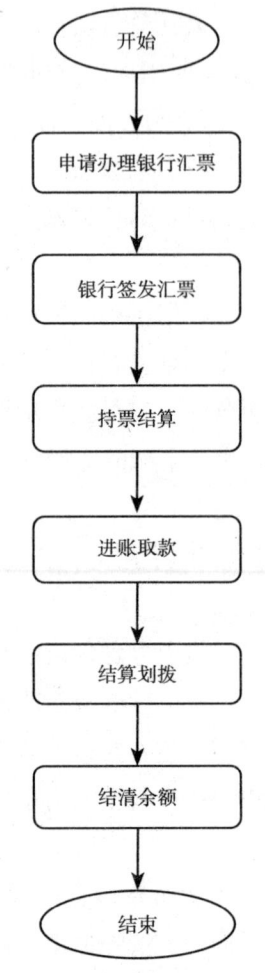

```
         开始
          ↓
    申请办理银行汇票
          ↓
     银行签发汇票
          ↓
      持票结算
          ↓
      进账取款
          ↓
      结算划拨
          ↓
      结清余额
          ↓
         结束
```

图7-4　银行汇票结算程序示意图

四、银行汇票结算的账务处理

1. 付款单位的账务处理

（1）收到银行汇票和解讫通知后，根据"银行汇票委托书"存根联编制如下会计分录：

　　借：其他货币资金——银行汇票
　　　　贷：银行存款

（2）办理结算时，假定为购买材料支付货款，且汇票款项有余额，应根据"银行汇票"第四联"多余款收账通知"和购货发票等原始凭证编制如下会计分录：

借：材料采购
　　应交税费——应交增值税（进项税额）
　　银行存款（多余金额）
贷：其他货币资金——银行汇票

2. 收款单位的账务处理

收款单位受理银行汇票后，应填制进账单连同银行汇票一起送存银行，根据进账单回单和有关原始凭证编制如下会计分录：

借：银行存款
贷：主营业务收入
　　应交税费——应交增值税（销项税额）

第三节　商业汇票业务

一、商业汇票的概念

商业汇票是出票人签发的，委托付款人在指定日期无条件支付确定金额给收款人或持票人的票据。在银行开立存款账户的法人及其他组织之间，必须具有真实的交易关系或债权债务关系才能使用商业汇票。

商业汇票按承兑人的不同分为商业承兑汇票和银行承兑汇票。商业承兑汇票由银行以外的付款人承兑，银行承兑汇票由银行承兑。商业汇票的付款人为承兑人。商业承兑汇票由收付双方约定签发。由收款人签发的商业承兑汇票，应交付款人承兑；由付款人签发的商业承兑汇票，由付款人本人承兑。银行承兑汇票是由收款人或承兑申请人（付款人）签发，并由承兑申请人持银行承兑汇票和注明采用银行承兑汇票结算方式的购销合同向其开户银行申请承兑。银行承兑汇票格式如表7-3、表7-4所示。

表7-3　商业承兑汇票图样

商业承兑汇票（卡片）　　1

出票日期：　　年　月　日　　　汇票号码

（大写）

收款人	全称		收款人	全称												此联承兑人存查
	账号			账号												
	开户银行			开户银行		行号										
出票金额		人民币（大写）		亿	千	百	十	万	千	百	十	元	角	分	
汇票到期日（大写）		付款人开户行	行号											
交易合同号码			地址											
出票人签章		备注：												

表7-4　银行承兑汇票图样

银行承兑汇票（卡片）　　1

出票日期：　　年　月　日　　　汇票号码

（大写）

出票人全称		收款人	全称												此联承兑行留存备查，到期支付票款时作借方凭证附件
出票人账号			账号												
付款行全称			开户银行		行号										
出票金额	人民币（大写）		亿	千	百	十	万	千	百	十	元	角	分	
汇票到期日（大写）	付款行	行号												
承兑协议编号		地址												
本汇票请你行承兑，此项汇票款我单位承兑协议于到期日前足额交存银行，到期请予以支付。 出票人签章								复核　　记账						
		备注：												

二、商业汇票的基本规定

（1）商业汇票的签发必须载明下列事项：标明"商业承兑汇票"和"银行承兑汇票"字样；无条件支付的委托；确定的金额；付款人名称；收款人名称；出票日期；出票人签章。上述事项缺一不可，否则商业汇票无效。

（2）商业汇票的付款期限最长不得超过6个月，提示付款期限自汇票到期日起10日。

（3）商业汇票可以背书转让。符合条件的商业汇票持票人可持未到期商业汇票连同贴现凭证向银行申请贴现，标有"不得转让"字样的承兑汇票，银行不能办理贴现。

（4）商业汇票一律记名。

（5）商业汇票核算一般通过"应收票据"和"应付票据"账户。

（6）银行承兑汇票只能由承兑银行开立存款账户的单位作为出票人。

（7）持票人向银行申请贴现时必须提供与其直接前手之间的增值税发票和商品发运单据复印件。

三、商业汇票的结算程序（图7-5）

（1）签发和承兑商业汇票。商业汇票一式三联，可由收款人签发，也可由付款人签发。汇票签发后，第三联由签发人留存；第一联由付款人留存；第二联由付款人在承兑栏加盖银行印鉴章，并在商业承兑汇票正面签署"承兑"字样，以示承兑后，将商业汇票交给收款人。

（2）承兑并加盖预留银行印鉴。

（3）委托收款。收款人或背书人将要到期的商业承兑汇票送交开户银行办理收款手续，收款一般采取的是委托收款。

（4）收款人开户行将凭证和汇票送递给付款人开户行。

（5）到期兑付。付款人应于商业承兑汇票到期日前积极筹措款项，于到期日前将票款足额缴存其开户行。

（6）银行划拨款项。付款人开户行收到传来的委托收款凭证和商业承汇票后，将款项划给收款人或被背书人。

（7）受托入账。

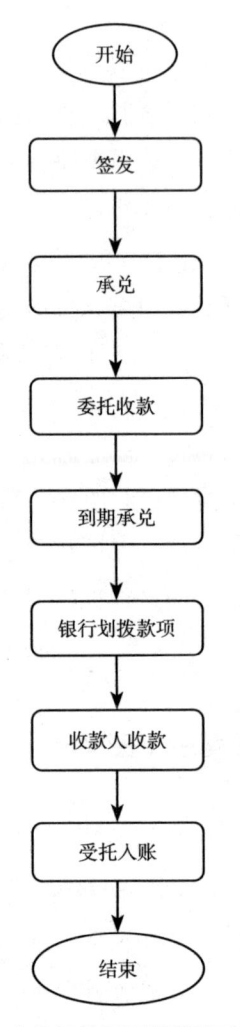

```
开始
  ↓
签发
  ↓
承兑
  ↓
委托收款
  ↓
到期承兑
  ↓
银行划拨款项
  ↓
收款人收款
  ↓
受托入账
  ↓
结束
```

图7-5　商业承兑汇票结算程序示意图

四、商业汇票结算的账务处理

1. 付款单位的账务处理

（1）付款单位将承兑后的商业汇票交给销货单位后，根据有关原始凭证编制如下会计分录：

  借：材料采购
    应交税费——应交增值税（进项税额）
  贷：应付票据——××供货单位

（2）汇票到期支付票款后，根据有关原始凭证编制如下会计分录：

  借：应付票据——××供货单位
  贷：银行存款

2.收款单位的账务处理

（1）收款单位收到付款人交付的商业汇票并发运商品后，根据有关原始凭证编制如下会计分录：

  借：应收票据——××购货单位
  贷：主营业务收入
    应交税费——应交增值税（销项税额）

（2）汇票到期收回票款，根据委托收款凭证编制如下会计分录：

  借：银行存款
  贷：应收票据——××购货单位

（3）采用银行承兑汇票结算，承兑申请人按规定向银行支付承兑手续费后，根据有关原始凭证编制如下会计分录：

  借：财务费用——手续费
  贷：银行存款

第四节　银行本票业务

一、银行本票的概念

银行本票是银行签发的，承诺自己见票时无条件支付确定的金额给收款人或者持票人的票据。无论是单位还是个人，也不管其是否在银行开立存款账户，在同一票据交换区域范围内的商品交易和劳务供应以及其他款项的结转，均可以使用银行本票。申请人和收款人均为个人，需支取现金的，银行可为其签发填明"现金"字样的银行本票；申请人或收款人为单位的，银行不得为其签发填明"现金"字样的银行本票。银行本票有定额本票和不定额本票两种，如表7-5所示。

表7-5　银行本票

付款期限	_____银行 本　票（卡片） 出票日期　　年　月　日 （大写）	地名　汇票号码
收款人：		申请人：
凭票即付	人民币 （大写）	
转账	现金	
备注：		出纳　　复核　　经办

二、银行本票的基本规定

（1）签发银行本票必须载明下列事项：①标明"银行本票"字样；②无条件支付的承诺；③确定的金额；④收款人名称；⑤出票日期；⑥出票人签章。上列事项必须记载齐全，否则银行本票无效。

（2）银行本票见票即付，可以转让（可以背书转让）也可以用于支取现金。

（3）银行本票的提示付款期限自出票日起最长不得超过2个月。

（4）注明"现金"字样的银行本票只能向出票银行支取现金，填明"现金"字样的银行本票可以挂失止付，未填明"现金"字样的银行本票不得挂失止付；银行本票若丧失，失票人可依法向签发银行所在地的基层人民法院申请公示催告，或向人民法院提出诉讼，凭人民法院出具的失票人享有票据权利的证明或票据权利裁决书，在银行本票提示付款期满1个月后，向签发银行申请兑付或退款。

（5）采用银行本票方式的，收款单位按规定受理银行本票后，应将本票连同进账单送交银行办理转账，根据银行盖章退回的进账单第一联和有关凭证编制收款凭证；付款单位在填送"银行本票申请书"并将款项交存银行，收到银行签发的银行本票后，根据申请书存根联编制付款凭证，企业因银行本票超过付款期限或其他原因要求退款时，交回本票和填制的进账单并经银行审核盖章后，根据进账单第一联编制收款凭证。

三、银行本票的结算程序（图7-6）

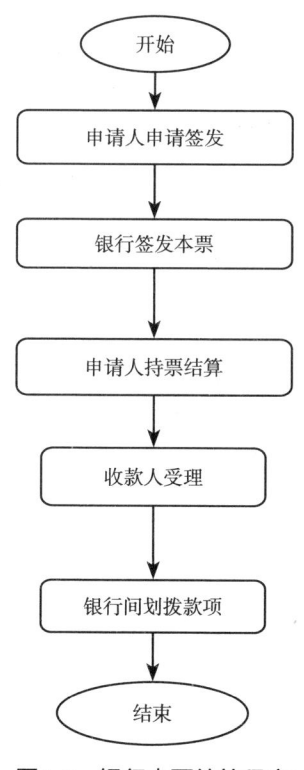

图7-6 银行本票结算程序

四、银行本票结算的账务处理

1. 付款单位的账务处理

（1）企业将款项交存银行，取得银行本票后，根据"银行本票申请书"（单位留存联）编制如下会计分录：

借：其他货币资金——银行本票

贷：银行存款

（2）企业持银行本票与收款人结算后，根据发票、账单等原始凭证编制如下会计分录：

借：材料采购

应交税费——应交增值税（进项税额）

贷：其他货币资金——银行本票

2. 收款单位的账务处理

企业收到银行本票后，连同进账单一并交开户银行办理转账，根据进账单回单及有关原始凭证编制如下会计分录：

借：银行存款

贷：主营业务收入

应交税费——应交增值税（销项税额）

第五节　汇兑

一、汇兑的概念

汇兑是汇款人委托银行将其款项支付给收款人的结算方式。适用于单位、个体经济户和个人的各种款项结转。汇兑的委托日期是指汇款人向汇出银行提交汇兑凭证当日。

汇兑按款项结转方式不同分为信汇和电汇两种。汇款人委托银行通过邮寄方式将款项划给收款人叫信汇；汇款人委托银行通过电报将款项划给收款人叫电汇。

信汇凭证一式四联如表 7-6 所示：第一联为回单联，第二联为支款凭证，第三联为收款凭证，第四联是收账通知或取款收据。电汇凭证一式三联如表 7-7 所示：第一联为回单联；第二联为支款凭证；第三联为发电依据，由汇出行据以拍发电报。

汇款人委托银行办理汇兑，应向汇出银行填写信汇、电汇凭证，详细填明收款人姓名、款项汇入地点、汇款用途（军工产品可免填）等项内容。汇款人派人到汇入银行领取款项的，应在电汇、信汇凭证上注明"留行待取"字样；汇款人确定不得转汇的，应在备注栏内注明。

收款人在汇入地因采购需要，需分次支取款项的，可开设临时存款账户，将款项暂存临时存款账户，分次支取。该账户只付不收，付完清户，不计利息。

支取现金的信汇、电汇凭证上必须注明汇出银行按规定填明的"现金"字样，才能办理。未填明"现金"字样，需要支取现金的，由汇入银行按现金管理规定审查支付。

表7-6 信汇凭证

银行　信汇凭证（回单）　1

委托日期　　年　月　日

汇款人	全称		收款人	全称											此联汇出行给汇款人的回单
	账号			账号											
	汇出地点	省　市/县		汇入地点	省　市/县										
汇出行名称			汇入行名称												
金额	人民币（大写）				亿	千	百	万	十万	千	十	元	角	分	
			支付密码												
			附加信息及用途：												
汇出行签章			复核　　　　　记账												

汇入银行对于向收款人发出取款通知后2个月仍无法支付的汇款以及收款人拒绝接受的汇款，应办理退汇。对在汇入行开立存款账户的收款人，由汇款人和收款人自行联系；对未在汇入行开立存款账户的收款人，汇款人应出具正式函件或本人身份证件以及原信、电汇回单，由汇出行通知汇入行，经汇入行核实汇款确未支付，方可退汇。

汇款人对汇出银行尚未汇出的款项可以申请撤销，转汇银行不得受理汇款人或汇出银行对汇款的撤销。

表7-7 电汇凭证

银行　电汇凭证（回单）　　1

□普通　□加急　　　　委托日期　　　　年　　月　　日

汇款人	全称		收款人	全称											此联汇出行给汇款人的回单
	账号			账号											
	汇出地点	省　　市/县		汇入地点	省　　市/县										
	汇出行名称			汇入行名称											
金额	人民币（大写）				亿	千	百	万	十万	千	十	元	角	分	
			支付密码												
			附加信息及用途：												
	汇出行签章		复核				记账								

汇入银行对于向收款人发出取款通知后2个月仍无法支付的汇款以及收款人拒绝接受的汇款，应办理退汇。对在汇入行开立存款账户的收款人，由汇款人和收款人自行联系；对未在汇入行开立存款账户的收款人，汇款人应出具正式函件或本人身份证件以及原信、电汇回单，由汇出行通知汇入行，经汇入行核实汇款确未支付，方可退汇。汇款人对汇出银行尚未汇出的款项可以申请撤销，转汇银行不得受理汇款人或汇出银行对汇款的撤销。

二、汇兑的结算程序

采用汇兑结算方式时，收款单位对于汇入的款项，应在收到银行的收账通知时，据以编制收款凭证；付款单位对于汇出的款项，应在向银行办理汇款后，根据汇款回单编制付款凭证（图7-7）。

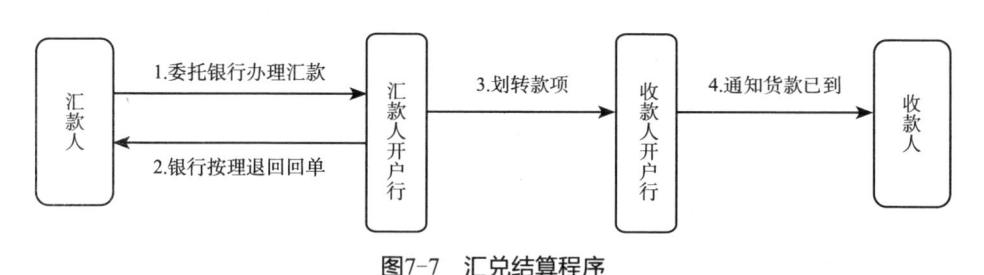

图7-7 汇兑结算程序

三、汇兑结算的账务处理

1. 汇款单位的账务处理

（1）汇款单位的账务处理分两种情况：汇款是为了进行各种款项的结算，应根据汇兑结算凭证的回单联编制如下会计分录：

借：应付账款
　　贷：银行存款

（2）汇款是到外地进行临时或零星采购，汇款开立临时存款户，应根据汇兑结算凭证的回单联编制如下会计分录：

借：其他货币资金——外埠存款
　　贷：银行存款

2. 收款单位的账务处理

收款单位收到款项时，根据银行转来的汇兑结算凭证收账通知编制如下会计分录：

借：银行存款
　　贷：应收账款（主营业务收入、应交税费等）

第六节　托收承付

一、托收承付的定义及适用范围

托收承付是根据购货合同由收款人发货后委托银行向异地付款人收取款项，由付款人向银行承认付款的结算方式。使用托收承付结算方式应符合一定的条件：收付双方必须签订购销合同；双方必须是国有企业、供销合作社以及经营管理较好，并经开户银行审查同意的城乡集体所有制工业企业；结算的款项必须是商品交易，以及因商品交易而产生的劳务供应的款项。代销、寄销、赊销商品的款项，不得办理托收承付结算。

二、托收承付的特点及有关规定

（1）收付双方使用托收承付结算必须签有合法的购销合同，并在合同上写明使用托收承付结算方式。

（2）收款人办理托收，必须具有商品确已发运的证件。

（3）托收承付结算每笔金额起点为 10 000 元，新华书店系统每笔金额起点为 1 000 元。

（4）托收承付结算款项的划回办法，分邮寄和电报两种，由收款人选用。

（5）托收承付结算方式分为托收和承付两个阶段：

托收。指销货单位按合同发运商品，办妥发货手续后，根据发货票、代垫运杂费单据等填制"托收承付结算凭证"，连同发货票、运单一并送交开户银行办理托收。开户银行接到托收凭证及其附件后，应认真进行审查。对审查无误，同意办理的，应将托收凭证的回单联盖章后退回销货单位。

承付。指购货单位收到银行转来的托收承付结算凭证及所附单证后，应在规定的承付期内审查核对，安排资金。承付货款分为验单付款和验货付款两种，由收付双方商量选用，并在合同中明确规定。①验单付款承付期为

3天,从付款人开户银行发出承付通知的次日算起。付款单位在承付期内未向银行表示拒绝付款的,银行即视作承付,并在承付期满的次日将款项付给收款单位。②验货付款的承付期为10天,从运输部门向付款人发出提货通知的次日算起。付款单位在收到提货通知后,应向银行交验提货通知。付款单位在银行发出承付通知书后的10天内,如未收到提货通知,应在10天内将情况通知银行,如不通知,银行即视作已经验货,承认付款,并于期满次日予以划款。

(6)付款单位在承付期满日款项不足支付的,其不足部分即为逾期未付款项,根据逾期天数,按每天万分之五计算逾期未付赔偿金。

(7)付款单位在验单或验货时,发现所到货物的品种、规格、数量、价格与合同规定不符,或货物已到,经查验货物与合同规定或发货清单不符的款项,在承付期内,可向银行提出全部或部分拒绝付款。付款单位提出拒绝付款时,必须填写"拒绝付款理由书"并签章,注明拒绝付款理由,送交开户银行。开户银行必须认真审查"拒绝付款理由书",查验合同。银行同意部分或全部拒绝付款的,应在"拒绝付款理由书"上签注意见,连同拒付证明和拒付商品清单邮寄收款人开户银行转交收款人。

托收凭证如表7-8所示。

表7-8 托收凭证

托收凭证(受理回单)　1

委托日期:　　　　年　　月　　日

业务类型		委托收款(□邮划、□电划) 托收承付(□邮划、□电划)													
付款人	全称			收款人	全称										
	账号				账号										
	地址	省 市县	开户行		地址	省 市县		开户行							
金额		人民币 (大写)				亿	千	百	十	万	千	百	十	元	角	分
款项内容			托收凭据名称				附寄单证张数								
商品发运情况						合同名称号码									
备注: 复核　　记账			款项收妥日期: 年　月　日			收款人开户银行签章 年　月　日									

此联作收款人开户银行给收款人的受理回单

三、托收承付结算的账务处理

1. 付款单位的账务处理

付款单位承付货款后,根据银行转来的付款通知及有关原始凭证编制如下会计分录:

借:材料采购
　　应交税费——应交增值税(进项税额)
贷:银行存款

2. 收款单位的账务处理

(1)收款单位向银行办妥托收手续后,根据托收凭证回单及其他有关原始凭证编制如下会计分录:

借:应收账款
贷:主营业务收入
　　应交税费——应交增值税(销项税额)

(2)收到款项时,根据银行转来的收账通知编制如下会计分录:

借:银行存款
贷:应收账款

第七节　委托收款

一、委托收款的概念

委托收款是收款人委托银行向付款人收取款项的结算方式。单位和个人凭已承兑的商业汇票、债券、存单等付款人债务证明办理款项的结算,均可使用委托收款方式,委托收款还适用于收取公用事业费(如电话费、电费)等有关款项。委托收款不受起点金额的限制。付款期限为3天,从付款开户行发出付款通知时算起(付款期内遇固定假日顺延)。委托收款结算款项划回方式有邮寄和电报两种。

付款人开户行收到收款人开户行寄来的委托收款凭证，经审查无误后，及时通知付款人。付款人收到通知后，在规定付款期限内未提出异议的，银行视作同意付款，并在付款期满的次日上午银行开始营业时，将款项主动划给收款人。如果付款人审核有关凭证后，对收款人委托收取的款项有异议，需全部拒付或部分拒付时，应填制全部拒付或部分拒付理由书送交开户银行，银行将有关凭证和拒付理由书寄给收款人开户行并由收款人开户银行转交收款人。

付款人在付款期满，如无款支付或支付款项不足时，银行将通知付款人在两天内将有关凭证退回银行，如果有关凭证已作账务处理的，可由付款人填制"应付款项证明单"，银行将有关凭证或应付款证明单退回收款人开户银行，由收款人开户行转交收款人。如果付款人逾期不退回有关凭证的，开户行从发出通知的第三天起，按托收金额每天处以万分之五但不低于50元的罚金；同时暂停付款人委托银行向外办理的结算业务，直到退回有关凭证为止。

二、委托收款的程序

1. 委托

收款人办理委托收款时，应向开户行填写委托收款凭证一式五联，并提供收款依据。开户银行审查无误后，将第一联（回单）盖章退还给收款人，表示已受理，并将第三、四、五联传给付款人开户行。

2. 付款

付款人开户行接到寄来的凭证后，将第五联传给付款人。付款人接到通知和有关附件，在规定的付款期内（3天）未提出异议，银行视为同意付款，并在付款期满的次日（遇假日顺延）将第四联及款项主动划给收款人。

3. 拒绝付款

付款人拒绝付款，应在付款期内出具"拒绝付款理由书"连同有关单证送交开户行，银行将拒绝付款理由书和有关凭证及单证寄给收款人开户行转交收款人。

采用委托收款结算方式时，收款单位对于托收的款项，根据银行的收账通知，据以编制收款凭证；付款单位在收到银行转来的委托收款凭证后，根据委托收款凭证的付款通知和有关的原始凭证，编制付款凭证。如在付款期满前提前付款，应于通知银行付款之日编制付款凭证。拒绝付款的，不作账务处理。

三、托收承付结算的账务处理

1. 付款单位的账务处理

付款单位承付货款后，根据银行转来的付款通知及有关原始凭证编制如下会计分录：

借：材料采购
　　应交税费——应交增值税（进项税额）
贷：银行存款

2. 收款单位的账务处理

（1）收款单位向银行办妥托收手续后，根据托收凭证回单及其他有关原始凭证编制如下会计分录：

借：应收账款
贷：主营业务收入
　　应交税费——应交增值税（销项税额）

（2）收到款项时，根据银行转来的收账通知编制如下会计分录：

借：银行存款
贷：应收账款

第八节　银行存款的核对

一、银行存款的核对

"银行存款日记账"与"银行存款对账单"至少每月核对一次，先由开户银行定期将"对账单"提供给各开户单位，一般先由管理银行存款的出纳人员将"对账单"与自己的银行存款日记账，就凭证的种类、编号、摘要内容、方向、金额等逐笔、逐项进行核对，凡是核对相符的，分别在各自有关数额边上打"√"作为标记。出纳人员核对结束后应由会计主管人员或其指定人员进行复核，复核人员应特别注意：单位银行存款账面余额核对相符后，也应将收入、付出款项逐笔核对，以防止盗用单位银行账号、非法代收代付现象发生。核对结束，如果在双方账单中没有"√"标记的，则为双方不符的款项，如属于本单位的差错，应用错账更正法更正后重新登记入账；如属于银行方差错，应立即与银行取得联系，核查更正；如果双方记账都没有差错，但双方账目仍不一致，则说明企业与银行之间存在未达账项。所谓未达账项是指企业与银行之间，由于收到银行收、付款结算凭证的时间不同而产生一方已经收到凭证入账，而另一方因没有收到凭证而尚未入账的款项。未达账项主要有以下四种：

（1）银行已收款入账，而企业因尚未收到银行的收款通知而尚未入账，如委托收款。

（2）银行已经付款入账，而企业因尚未收到银行的付款通知而尚未入账，如银行借款利息的扣除。

（3）企业已收款入账，而银行因未办入账手续而尚未入账，如企业收到外单位转账支票，填制进账单送存银行，根据进账单回单联记银行存款增加，而银行必须在办妥转账手续后才能入账。

（4）企业已付款入账，而银行因尚未支付而未入账，如企业开出转账支票，根据支票存根记银行存款减少，而持票人尚未到银行办理提现或转账，所以银行尚未入账。

二、银行存款余额表的调整

为了核实银行存款账面余额，企业在收到银行送来的对账单时，应及时编制"银行存款余额调节表"。"银行存款余额调节表"一般是在银行与企业的账面余额的基础上，各自加上对方已收、本单位未收账项的数额，减去对方已付、本单位未付账项数额，以调整双方余额使其一致的一种方法。

"银行存款余额调节表"主要是为了查明企业与银行间的往来账目是否

均无差错,不能作为记账凭证,未达账项是银行存款收付业务中的正常现象,月末无需调整,要待银行结算凭证到达后才能入账。

第九节 信用卡

一、信用卡的定义及适用范围

信用卡是指商业银行向个人或单位发行的,凭以向特约单位购物、消费和向银行存取现金,且具有消费信用的特制载体卡片。信用卡按使用对象分为单位卡和个人卡,按信誉等级分为金卡和普通卡。适用于同城和异地的特约单位购物、消费。

二、信用卡的特点及有关规定

(1)单位申领信用卡,应按规定填制申请表,连同有关资料一并送交发卡银行。符合条件并按一定要求交存一定金额的备用金后,银行为申请人开立信用卡存款户,并发给信用卡。

(2)单位卡账户的资金一律从其基本存款账户转账存入,不得交存现金,不得将销货收入的款项存入其账户。

(3)信用卡仅限于合法持卡人本人使用,持卡人本人不得出租或转借信用卡。

(4)持卡人可持信用卡在特约单位购物、消费。根据有关规定,单位卡不得用于10万元以上的商品交易、劳务供应款项的结算。

(5)持卡人凭卡购物、消费时,需将信用卡和本人身份证一并交特约单位。

(6)特约单位审查信用卡无误的,在签购单上压(刷)卡,填写实际结算金额、用途、持卡人身份证件号码、特约单位名称和编号。

(7)特约单位不得通过压卡、签单和退货方式支付持卡人现金。

（8）特约单位在每日营业终了，应将当日受理的信用卡签购单汇总，计算手续费和净计金额，并填写汇总单和进账单，连同签购单一并送交收单银行办理进账。

（9）持卡人要求退货的，特约单位应使用退货单办理压（刷）卡，并将退货单金额从当日签单累计金额中抵减，退货单随签购单一并送交收款单位银行。

（10）若信用卡丢失，持卡人应立即持有效证件，并按规定提供有关情况，向发卡银行或代办银行申请挂失。

（11）单位卡一律不得支取现金。信用卡透支额依据其分类的不同而不同。

透支利息的计算：例如，自签单日或银行记账日起 15 日内按日息的万分之五计算；超过 15 日按日息的万分之十计算；超过 30 日或透支金额超过限额，按日息的万分之十五计算。透支利息不分段，按最后期限或最高透支额的最高利率档次计息，超过规定限额或规定期限，并且经发卡银行催收无效的透支行为成为恶性透支。

三、信用卡结算程序（图7-8）

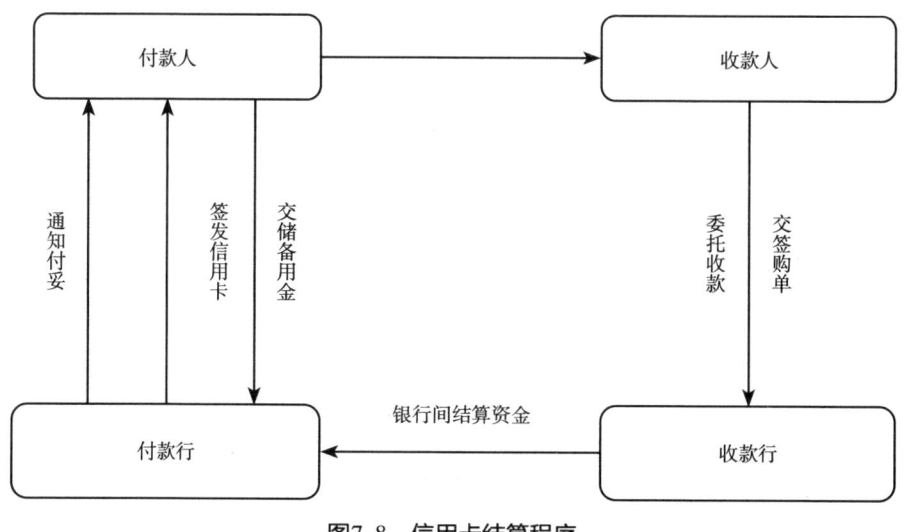

图7-8　信用卡结算程序

第十节　银行存款余额调节表的编制

为了核实银行存款账面余额，企业在收到银行送来的对账单时，应及时编制"银行存款余额调节表"。"银行存款余额调节表"一般是在银行与企业的账面余额的基础上，各自加上对方已收、本单位未收账项的数额，减去对方已付、本单位未付账项的数额，以调整双方余额使其一致的一种方法。

"银行存款余额调节表"主要是为了查明企业与银行间的往来账目是否均无差错，不能作为记账的凭证，未达账项是银行存款收付业务中的正常现象，月末无须调整，要待银行结算凭证到达后才能入账。

例：正大公司2022年12月31日银行存款日记账余额为84 000元，银行对账单余额为111 000元，经过逐笔核对有如下未达账项：

（1）企业收到销货款3 000元已入账，银行尚未入账；
（2）企业支付购货款27 000元已入账，银行尚未入账；
（3）银行收到购货方汇来货款15 000元已入账，企业尚未入账；
（4）银行代企业支付购货款12 000元已入账，企业尚未入账。

根据以上业务编制，正大公司银行存款余额调节表如表7-9所示。

表7-9　银行存款余额调节表

项目	余额	项目	余额
银行对账单余额 　加：企业收到并已入账，银行尚未入账 　减：企业已支付并入账，银行尚未入账	111 000 3 000 27 000	银行存款日记账账面余额 　加：银行已收并入账，企业尚未入账 　减：银行已支付并入账，企业尚未记账	84 000 15 000 12 000
调节后的存款余额	87 000	调节后的存款余额	87 000

第十一节 银行账户管理

一、银行账户管理的基本原则

银行账户一般分为基本存款账户、一般存款账户、临时存款账户和专用存款账户。

银行存款账户管理遵循以下基本原则：

（1）一个基本账户原则。即存款人只能在银行开立一个基本账户，不能多头开立基本存款账户。存款人在银行开立基本存款账户，实行由中国人民银行当地分支机构核发开户制度。

（2）自愿选择原则。存款人既可以自主选择银行开立账户，又可以自愿选择存款人开立账户。

（3）保密原则。银行必须依法为存款人保密，维护存款人资金的自主支配权。

（4）银行不垫款原则。银行在办理结算时，只负责办理结算双方单位的资金转移，不为任何单位垫资。

二、银行账户管理的内容

1. 人民银行对账户的管理

（1）负责协调、仲裁银行账户开立和使用方面的争议，监督、稽核开户行的账户设置和开立，纠正和处罚违反账户管理办法的行为。

（2）核发开立基本存款账户的开户许可证。人民银行对存款人开立基本账户的，负责核发开户许可证，如果存款人需要变更基本存款账户的，亦必须经人民银行审批同意。

（3）受理开户银行对存款人开立和撤销账户的申报。

2. 开户行对账户的管理

（1）依照规定对开立撤销账户进行严格审查，对不符合开户条件的，坚决不予开户。

（2）正确办理开户和销户，建立、健全开销户登记制度。

（3）建立账户管理档案。

（4）定期与存款人对账。

（5）及时向人民银行申报存款人开立和撤销账户的情况。

第十二节　实例展示：银行收付业务

为了反映和监督银行存款的收付情况，应设置"银行存款"账户。该账户借方登记银行存款的增加，贷方登记银行存款的减少，其余额在借方，表示银行存款的结余。外埠存款、银行汇票存款、银行本票存款、信用证存款、在途货币资金，在"其他货币资金"账户核算。

【例7-1】开新公司2022年12月10日申请签发银行汇票，将10 000元从结算存款户转作银行汇票存款，取得银行汇票后，根据"银行汇票申请书"存根联，编制会计分录如下：

借：其他货币资金——银行汇票存款　　　　10 000

　　贷：银行存款　　　　　　　　　　　　　　10 000

【例7-2】开新公司2022年12月12日购料，用银行存款结算，增值税发票上注明的价款为10 000元，税1 300元，根据发票联编制会计分录如下：

借：物资采购　　　　　　　　　　　　　　10 000

　　应交税金——应交增值税（进项税）　　　1 300

　　贷：其他货币资金——银行汇票存款　　　　11 300

同时收到银行转来的多余款300元的收账通知，编制会计分录如下：

借：银行存款　　　　　　　　　　　　　　300

　　贷：其他货币资金——银行汇票存款　　　　300

第八章
账簿登记

第一节 认识会计账簿

会计账簿是以会计凭证为依据，连续地、系统地、全面地、分类地记录和反映各项经济业务的内容，并由相互联系的专门格式的账页所组成的簿籍。

设置和登记账簿是会计核算的一种专门方法，也是会计核算的主要环节。通过账簿记录，可以全面、系统地记录和反映企业的资产、负债、所有者权益的增减变动情况和资金运作的过程和结果，从而为计算财务成果编制会计报表提供依据。

会计账簿按用途可分为序时账簿、分类账簿、备查账簿。序时账簿也称日记账，是指按照经济业务发生的时间先后顺序，逐笔逐日登记的账簿。记账按记录的内容不同，可以分为普通日记账和特种日记账。普通日记账是把每天发生的经济业务所编的分录全部按时间顺序逐笔登记的一种账簿，所花的时间精力大而且查阅不便，所以现在不用，取而代之的是特种日记账，主要有现金日记账和银行存款日记账，少数企业还设购货日记账和销货日记账。

分类账簿，是指按照分类账户设置登记的账簿。分类账簿是会计账簿的主体，也是编制财务报表的主要依据。账簿按其反映经济业务的详略程度，可分为总分类账簿和明细分类账簿。其中，总分类账簿，简称总账，是根据总分类账户开设的，总括地反映某类经济活动。总分类账簿主要为编制财务报表提供直接数据资料，通常采用三栏式。明细分类账簿，简称明细账，是根据明细分类账户开设的，用来提供明细的核算资料。明细分类账簿可采用的格式主要有三栏式明细账(格式与三栏式总分类账相同)、数量金额式明细账等。分类账簿可以分别反映和监督各项资产、负债、所有者权益、收入、费用和利润的增减变动情况及其结果。

备查账簿，又叫补充登记簿或辅助登记簿，指的是对某些分类账簿和在序时账簿中没有能记载，或者是记载不全的经济业务进行补充登记的账簿。备查账簿只是对其他账簿记录的一种补充，所以也就没有固定的格式要求，应当根据企业的实际需要设置。

会计账簿按外表形式可分为订本式、活页式、卡片式账簿。订本式账簿也称订本账，是对在启用前，就将若干账页固定的装订成册，并对账页进行连续编号的账簿；活页式账簿也称活页账，是指在启用之前和使用的过程之中，不把账页固定的装订成册的账簿；卡片式账簿也称卡片账，是指用印有记账格式的卡片登记各项经济业务的账簿。

会计账簿按账页格式分为三栏式账簿、多栏式账簿和数量金额式账簿。三栏式账簿是指由借方、贷方和余额三个金额栏的账页组成的账簿；多栏式账簿是指在借方、贷方两个基本栏次中按需要又分成若干专栏的账页所组成的账簿；数量金额式账簿也称为三大栏式账簿，是指在借方、贷方和余额三大栏内又分设数量、单价、金额三个小栏目的账页组成的账簿。

第二节　现金日记账的登记

出纳主要设置和登记"现金日记账""银行存款日记账"和有关有价证券方面的一些明细分类账。出纳日记账是指出纳员用以记录和反映货币资金增减变动和结存情况的账簿，主要包括现金日记账和银行存款日记账两种。

一、现金日记账的设置

现金日记账是专门记录现金收付业务的特种日记账，它一般由出纳人员负责填写。现金日记账既可用作明细账也可用于过账媒介。在现金收付业务较多的企业，也可分别设置现金收入账和现金支出账，它们只是单栏式的日记账。现金日记账还可以设置成三栏式的日记账。

二、现金日记账的登记

（1）必须根据审核无误的收、付款记账凭证记账，现金日记账所记载的内容必须同出纳凭证一致，并将出纳凭证日期、编号、业务内容摘要、金额和对应科目等逐项填入账户内，做到数字准确、摘要清楚、登记及时、字迹工整。

（2）为了及时掌握现金收、付和结余情况，当日发生的现金收、付业务必须在当日逐笔、序时登记，并于当日结出余额，做到日清月结。账簿登记完毕，复核无误后应在记账凭证相应"过账"栏内打上"√"符号，表示此项业务已经登记入账。

（3）登账要用钢笔，以蓝黑墨水或者碳素墨水书写，不得使用铅笔和圆珠笔（银行复写账簿除外），红色墨水只能用于冲账、改错和划线。账簿中文字和数字必须准确清晰，字体大小适中，紧靠下线书写，上面要留有适当空距，一般应占格宽1/2，空出行距上截1/2的位置，以备按规定的方法改错。

（4）账簿必须按页次、行次，顺序登记，不得跳行和隔页，若发生跳行、隔页，应将空行、空页划线注销，或注明"此行空白""此页空白"字样，并由出纳人员盖章，以明确责任。账页登记完毕结转下页时，应结出本页发生额合计数及余额，写在本页最后一行和次页第一行有关栏内，并在摘要栏内分别注明"过次页"和"承前页"字样；也可以将本页合计数及金额只写在下页第一行有关栏内，并在摘要栏内注明"承前页"字样。月度结账时，在各账户的最后一笔数字下，结出本月借方发生额、贷方发生额和期末余额，在摘要栏内注明"本月发生额及期末余额"字样并在数字的上端和下端各画一根红线。年度结账时，应将全年发生额的合计数填制于12月份结账记录的下面，并在摘要栏内注明"全年发生额及年末余额"字样，并在数字下端画双红线，表示"封账"。年度结账后，根据各账户的年末余额，过入新账簿，结转下年度。

三、现金日记账的核对

1. 现金日记账与现金收付款凭证核对

收、付款凭证是登记现金日记账的依据，账目和凭证应该完全一致。核对的项目主要包括：核对凭证编号；复查记账凭证与原始凭证，看两者是否完全相符；查对账证金额与方向的一致性；检查如发现差错，要立即按规定方法更正，确保账证完全一致。

2. 现金日记账与现金总分类账的核对

现金日记账是根据收、付款凭证逐笔登记的，现金总分类账是根据收、付款凭证汇总登记的，记账的依据是相同的，记录的结果应该完全一致。但由于两个账簿是由不同人员分别记账的，所以难免发生差错。

出纳应定期出具"出纳报告单"与总账会计进行核对。平时要经常核对两账的余额，每月终了结账后，总分类账各个账户的借方发生额、贷方发生额和余额都已试算平衡，一定要将总分类账中现金本月借方发生额、贷方发生额以及月末余额分别同现金日记账的本月收入（借方）合计数、本月支出（贷方）合计数和余额相互核对，查看账账之间是否完全相符。如果不符，先应查出差错出在哪一方，如果借方发生额出现差错，应查找现金收款凭证、银行存款付款凭证（提取现金业务）和现金收入一方的账目；反之，则应查找现金付款凭证和现金付出一方的账目。找出错误后应立即按规定的方法加以更正，做到账账相符。

3. 现金日记账与库存现金的核对

首先结出当天现金日记账的账面余额，再盘点库存现金的实有数，看两者是否完全相符。一般是通过库存现金实地盘点法查对，应按"库存现金实有数＋未记账的付款凭证金额－未记账的收款凭证金额＝现金日记账账存余额"的公式进行核对，清查完毕，要编制库存现金盘点报告表。

第三节　银行存款日记账的登记

银行存款日记账是用来记录银行存款收付业务的特种日记账。其设计方法与现金日记账基本相同，但必须将账簿名改为"银行存款日记账"。一般企业都设置三栏式银行存款日记账。

一、银行存款日记账的登记

银行存款日记账要根据各种存款分别设置。银行存款日记账通常是出纳员根据审核后的有关银行存款收款、付款凭证,逐日逐笔登记的。对于现金存入银行的业务,存款的收入数应该根据新进付款凭证编制登记。每日终了,应分别计算银行存款收入,付出的合计数和本日余额,以便检查监督各项收支款项,以便于定期同银行对账单逐笔核对。

在多栏式现金日记账和银行存款日记账登记总账的情况下,账务处理有以下两种:

(1)由出纳人员根据审核后的收、付款凭证逐日逐笔登记现金和银行存款的收入日记账和支出日记账,每日应将支出日记账中支出合计数转入收入日记账中支出合计栏,以结算当日账面结余额。

(2)设置现金银行存款出纳登记簿,由出纳人员根据审核后的收、付款凭证逐日逐笔登记,以便逐笔掌握库存现金收付情况和同银行核对收付款项。然后交由会计师根据凭证逐日汇总登记多栏式现金和银行存款日记账,并于月末根据多栏式日记账登记总账。

二、银行存款日记账的核对

银行存款日记账核对是通过与银行送来的对账单进行核对完成的。银行存款日记账的核对主要包括:一是银行存款日记账与银行存款收、付凭证互相核对,做到账证相符;二是银行存款日记账与银行存款总账核对,做到账账相符。

1. 账证核对

出纳工作的账证核对主要是指现金日记账、银行存款日记账的记录与有关的收、付款的凭证进行核对。核对账簿的记录与原始凭证、收付款凭证的时间、凭证字号、内容、金额是否一致,记账方向是否相符。收付款凭证是登记现金日记账、银行存款日记账的依据,账簿记录与凭证记录应该完全相符。账证核对主要按照业务发生的先后顺序一笔一笔进行,审核中要注意:①核对凭证编号。②检查记账凭证与原始凭证两者是否完全相符。③检查金额与方向的一致性。

2. 账账核对

出纳工作的账账核对是指现金日记账的余额应同"现金"总分类账户余额核对相符，银行存款日记账的余额应同总分类账中"银行存款"账户的余额核对相符。

3. 账实核对

账实核对包括：①每天现金日记账的账面余额应同现金的实际库存数核对相符。②月末，银行存款日记账的账面余额应同银行对账单核对。

第四节　实例展示：账簿登记实务

一、1日发生的经济业务

（1）收到乙公司（北京）偿还前欠货款94 500元，见凭34。

凭34　　　　　　　　**中国工商银行进账单**　　（回单或收账通知）

借款日期2022年12月1日　　　　第　　号

收款人	全称	北京新科电子有限公司	付款人	全　称	乙公司									
	账号	341702186591462		账号	587423418800321									
	开户银行	工行中关村支行		开户银行	工行四道口支行									
人民币 （大写）		玖万肆仟伍佰元整			千	百	十	万	千	百	十	元	角	分
								9	4	5	0	0	0	0
付款单位名称或账号		种类	票据号码		百	十	万	千	百	十	元	角	分	
														收款人开户行盖章

单位主管：　　　　会计：　　　　复核：　　　　记账：

记账凭证

2022 年 12 月 1 日　　　　　　　　　　　凭证号：1（1/1）

北京新科电子有限公司　　　　　　　　　　　附单据 1 张

摘要	会计科目	借方金额	贷方金额
收到乙公司前欠款	银行存款——工商银行	94 500.00	
收到乙公司前欠款	应收账款——乙公司		94 500.00
合计		94 500.00	94 500.00

会计主管：　　　记账：　　　出纳：　　　审核：　　　制单：

（2）向 E 公司（上海）购买甲材料 19 400 元，增值税 2 522 元，料到，货款以信汇方式支付，见凭 35、凭 36、凭 37。

凭35

上海市增值税专用发票

发　票　联　　　　　　No.　01232693

开票日期 2022 年 12 月 1 日

购货单位	名称	北京新科电子有限公司	税务登记号	2 9 6 3 1 0 8 7 4 3 2 8 9 0
	地址、电话	北京市海淀区 010-82264728	开户银行及账号	工行中关村支行341702186591462

货物或应税劳务名称	规格型号	数量单位	数量	单价	金额 万千百十元角分	税率(%)	金额 万千百十元角分
甲材料		个	9 700	2.00	1 9 4 0 0 0 0	13	2 5 2 2 0 0

价税合计：贰万壹仟玖佰贰拾贰元整　　　¥21 922.00

销货单位	名称	E 公司	税务登记号	2 4 3 2 2 9 3 2 1 9 8 0 0 6
	地址、电话	浦东海勤路 021-23501178	开户银行及账号	工行海勤支行621324911120053

备注

中国工商银行信汇凭证（回单）

凭36　　　　　　　　　　　　　　　　　　　　　　　　　　1

委托日期 2022 年 12 月 1 日

<table>
<tr><td rowspan="3">收款单位</td><td>全称</td><td colspan="2">E 公司</td><td rowspan="3">付款单位</td><td>全称</td><td colspan="3">北京新科电子有限公司</td></tr>
<tr><td>账号或住址</td><td colspan="2">海勤路 38 号</td><td>账号或住址</td><td colspan="3">海淀区中关村路 30 号</td></tr>
<tr><td>汇入地点</td><td>上海市</td><td>汇入行名称</td><td>工行海勤支行</td><td>汇出地点</td><td>北京市</td><td>汇出行名称</td><td>工行中关村支行</td></tr>
<tr><td rowspan="2">金额</td><td>人民币（大写）</td><td colspan="4">贰万壹仟玖佰贰拾贰元整</td><td colspan="4">千 百 十 万 千 百 十 元 角 分</td></tr>
<tr><td colspan="5"></td><td colspan="4">￥ 2 1 9 2 2 0 0</td></tr>
</table>

汇款用途：购甲材料

上列款项已根据委托办理，如需查询，请持此单来行面洽。

汇出行盖章：
2022 年 12 月 1 日

单位主管　　　会计
复核　　　　　记账

凭37　　　　　　　　入　库　单　　　　　　　　第____号

收货单位：北京新科电子有限公司　　　　　　　2022 年 12 月 1 日

货号	品名	单位	数量	单价	金额	备注
	甲材料	个	9 700	2.00	19 400	

记账凭证

2022 年 12 月 1 日　　　　　　　　　　凭证号：2（1/1）

北京新科电子有限公司　　　　　　　　　　　　附单据 3 张

摘要	会计科目	借方金额	贷方金额
购材料甲	原材料——甲	19 400.00	
购材料甲	应交税费——应交增值税（进项税额）	2 522	
购材料甲	银行存款——工商银行		21 922.00
合计		21 922.00	21 922.00

会计主管：　　　记账：　　　出纳：　　　审核：　　　制单：

（3）签发现金支票向银行提取备用金 8 000 元，见凭 38。

凭38

中国工商银行
转账支票存根

VI　VI011030

科　　目　_____
对方科目　_____

出票日期 2022 年 12 月 14 日

收款人：Y 公司

金额：8 000.00 元

用途：支付专利费

单位主管：　　　会计：

记账凭证

2022 年 12 月 1 日　　　　　　　　凭证号：3（1/1）

北京新科电子有限公司　　　　　　　　　　　　附单据 1 张

摘要	会计科目	借方金额	贷方金额
备现	库存现金	8 000.00	
备现	银行存款——工商银行		8 000.00
合计		8 000.00	8 000.00

会计主管：　　记账：　　出纳：　　审核：　　制单：

（4）王五报销差旅费 7 846.70 元，退回现金 153.30 元，查其出差是去深圳市购买 A 设备，见凭 39、凭 40。

凭39　　　　　　　　**还 款 凭 证**

借款日期 2022 年 11 月 28 日

借款 原因：深圳市购买 A 设备	借款人 签章：王五
借款 金额　　大写：捌仟元整 　　　　￥：8 000.00	左列数项已于 12 月 1 日全部结清。 报销数￥7 846.70 退还数￥153.30 补付数￥

凭40　　　　　　　　　**外埠差旅费报销表**

单位：　　　　　　　　2022年12月1日填

姓名	王五	出差事由	深圳市购设备					
出差天数		自2021年11月28日至11月30日止共3天						备注
2021年	起止	起讫地点（由何处到何地）	伙食补助费			车船旅馆费		金额合计
月 日 时			天数	定额	金额	单据张数	金额	
11 28	起	北京—深圳	3	150	450	11	7396.70	7846.70
11 30	止							
	起							
	止							
	起							
	止							
合计								
实报金额（大写）		柒仟捌佰肆拾陆元柒角整　　　7846.70						

主管人：　　　　　　会计：　　　　　　领报人：王五

记账凭证

2022年12月1日　　　　　　　　　　　　凭证号：4（1/1）

北京新科电子有限公司　　　　　　　　　　　　附单据2张

摘要	会计科目	借方金额	贷方金额
报销差旅费	管理费用——差旅费	7846.70	
报销差旅费	库存现金	153.30	
报销差旅费	其他应收款——王五		8000.00
合计		8000.00	8000.00

会计主管：　　　记账：　　　出纳：　　　审核：　　　制单：

二、2日发生的经济业务

（1）职工贾林出差，借款5 000元，见凭41、凭42。

凭41

暂付款记账单

借款日期：2022 年 12 月 2 日　　　　　　第　　号

借款原因出差		借款人盖章　贾林
借款 金额	大写：伍仟元整　￥5 000.00	领导指示或介绍信　字 第　　号

凭42

```
        中国工商银行
        转账支票存根
        VI　VI011022
   科　　目_____
   对方科目_____
   出票日期 2022 年 12 月 2 日

   ┌──────────────────────┐
   │ 收款人：贾林          │
   │                       │
   │ 金额：￥5 000.00      │
   │                       │
   │ 用途：差旅费          │
   │                       │
   │ 单位主管：     会计： │
   └──────────────────────┘
```

记账凭证

2022 年 12 月 2 日　　　　　　　　　　　　　凭证号：5（1/1）

北京新科电子有限公司　　　　　　　　　　　　　附单据 2 张

摘要	会计科目	借方金额	贷方金额
出差借款	其他应收款——贾林	5 000.00	
出差借款	银行存款——工商银行		5 000.00
合计		5 000.00	5 000.00

会计主管：　　　记账：　　　出纳：　　　审核：　　　制单：

（2）向 I 公司（深圳）购入设备 B 一台 12 400 元，已验收入库，查该项货款已付，见凭43、凭44、凭45。

凭43　　　　　　I公司销售发票

发票联　　　　　　　（Ⅱ）字 No.0000051

客户名称：北京新科电子有限公司　　开票日期：2022 年 12 月 2 日

税务登记证号：764102345500372

产品名称	规格	单位	数量	单价	金额								备注
					十	万	千	百	十	元	角	分	
设备 B		台	壹		¥	1	2	4	0	0	0	0	

人民币合计	壹万贰仟肆佰元整　　￥ 12 400.00		
企业名称	（加盖发票专用章）	开户银行	结算方式
		账号	现金　汇票　托收　转账

地址：深圳市南山区　　电话：0755-63445567　　开票人（章）：　　收款人（章）：

凭44　　　　中国工商银行信汇凭证（回单）

委托日期 2022 年 11 月 29 日

<table>
<tr><td rowspan="3">收款单位</td><td>全称</td><td colspan="2">I 公司</td><td rowspan="3">付款单位</td><td>全称</td><td colspan="3">北京新科电子有限公司</td></tr>
<tr><td>账号或住址</td><td colspan="2">421005811100479</td><td>账号或住址</td><td colspan="3">341702186591462</td></tr>
<tr><td>汇入地点</td><td>深圳</td><td>汇入行名称</td><td>工行南山石路支行</td><td>汇出地点</td><td>北京</td><td>汇出行名称</td><td>工行中关村支行</td></tr>
<tr><td rowspan="2">金额</td><td rowspan="2">人民币（大写）</td><td colspan="3" rowspan="2">壹万贰仟肆佰元整</td><td colspan="4">千百十万千百十元角分</td></tr>
<tr><td colspan="4">¥ 1 2 4 0 0 0 0</td></tr>
<tr><td colspan="4">汇款用途：购设备 B</td><td colspan="5"></td></tr>
<tr><td colspan="4">上列款项已根据委托办理，如需查询，请持此单来行面洽。

单位主管　　会计
复核　　　　记账</td><td colspan="5">汇出行盖章：

2022 年 11 月 29 日</td></tr>
</table>

凭45　　　　固定资产验收单

2022 年 12 月 2 日　　　　　　　　　　编号：

名称	规格型号	来源	数量	购（造）价	使用年限	预计残值
设备 B	KB-280		1	12 400	5	0
安装费	月折旧率	建造单位		交工日期	附件	

验收部门	设备科	验收人员	刘清	管理部门	设备科	管理人员	宋兵
备注							

113

记账凭证

2022 年 12 月 2 日　　　　　　　　　　凭证号：6（1/1）

北京新科电子有限公司　　　　　　　　　　附单据 3 张

摘要	会计科目	借方金额	贷方金额
购固定资产	固定资产——设备 B	12 400.00	
购固定资产	银行存款——工商银行		12 400.00
合计		12 400.00	12 400.00

会计主管：　　记账：　　出纳：　　审核：　　制单：

三、5 日发生的经济业务

（1）向 F 公司（上海）购入原材料乙 85 740 元，已验收入库，见凭46、凭47、凭48。

凭46

上海市增值税专用发票

发 票 联　　　No. 05811023

开票日期：　2022 年 12 月 5 日

购货单位	名称	北京新科电子有限公司	税务登记号	2	9	6	3	1	0	8	7	4	3	2	8	9	0
	地址、电话	北京市海淀区 010-82264728	开户银行及账号	工行中关村支行 341702186591462												

货物或应税劳务名称	规格型号	数量单位	数量	单价	金额							税率(%)	金额						
					万	千	百	十	元	角	分		万	千	百	十	元	角	分
原材料乙		kg	1 200	71.45	8	5	7	4	0	0	0	13	1	1	1	4	6	2	0

续表

价税合计：玖万陆仟捌佰捌拾陆元贰角整			￥96 886.20								
备注											
销货单位	名称	F公司	税务登记号	1	7	8	2	0	2	7	1	5	6	5	4	1	0	8
	地址、电话	浦东育成路 021-81505439	开户银行及账号	工行育成支行 581222007213129							

凭47　　　　　　　　**中国工商银行信汇凭证（回单）**

委托日期 2022 年 12 月 5 日

收款单位	全称	F公司		付款单位	全称	北京新科电子有限公司									
	账号或住址	育成路 120 号			账号或住址	海淀区中关村路 30 号									
	汇入地点	上海市	汇入行名称	工行育成支行		汇出地点	北京市	汇出行名称	工行中关村支行						
金额	人民币（大写）	玖万陆仟捌佰捌拾陆元贰角整						千	百	十	万	千	百	十	元	角	分
									￥	9	6	8	8	6	2	0
汇款用途：购原材料乙															
上列款项已根据委托办理，如需查询，请持此单来行面洽。				汇出行盖章： 2022 年 12 月 5 日											
单位主管　　　会计 复核　　　　　记账															

凭48　　　　　　　　**入　库　单**　　　　　　第＿＿号

收货单位：北京新科电子有限公司　　　　　　2022 年 12 月 5 日

货号	品名	单位	数量	单价	金额	备注
	原材料乙	kg	1 200	71.45	85 740	

记账凭证

2022 年 12 月 5 日　　　　　　　　　　　凭证号：7（1/1）

北京新科电子有限公司　　　　　　　　　　附单据 3 张

摘要	会计科目	借方金额	贷方金额
购原材料乙	原材料——乙	85 740.00	
	应交税费——应交增值税（进项税额）	11 146.20	
	银行存款——工商银行		96 886.20
合计		96 886.20	96 886.20

会计主管：　　　记账：　　　出纳：　　　审核：　　　制单：

（2）处理废品 L，收到现金 23 750 元，见凭 49。

凭49　　　　　**北京市工业企业通用发票**　　　　　No.013220

客户名称：钱民　　　开票日期：2022 年 12 月 5 日

品名或加工修理	规格	单位	数量	单价	金额 十	万	千	百	十	元	角	分	备注
废品 L	M-17	kg	500	47.50		2	3	7	5	0	0	0	

人民币合计（大写）	贰万叁仟柒佰伍拾元整	￥ 23 750.00	
企业名称（加盖发票专用章）	开户银行	结算方式	
	账号	电话	

地址：　　　　　开票人（章）：　　　　　收款人（章）：

记账凭证

2022 年 12 月 5 日　　　　　　　　　凭证号：8（1/1）

北京新科电子有限公司　　　　　　　　　　　　　附单据 1 张

摘要	会计科目	借方金额	贷方金额
处理废品收入	库存现金	23 750.00	
处理废品收入	其他业务收入		20 662.5
处理废品收入	应交税费——应交增值税（销项税额）		3 087.5
合计		23 750.00	23 750.00

会计主管：　　　记账：　　　出纳：　　　审核：　　　制单：

四、6 日发生的经济业务

（1）自 Q 公司（北京）购入原材料丙，货款以转账支票支付。增值税专用发票上标明的金额为 22 000 元，材料尚未收到，见凭 50、凭 51。

凭50

北京市增值税专用发票

发 票 联　　　　　　　　　No. 08211421

开票日期 2022 年 12 月 6 日

购货单位	名称	北京新科电子有限公司	税务登记号	2 9 6 3 1 0 8 7 4 3 2 8 9 0
	地址、电话	北京市海淀区 010-82264728	开户银行及账号	工行中关村支行 341702186591462

货物或应税劳务名称	规格型号	数量单位	数量	单价	金额 万千百十元角分	税率（%）	金额 万千百十元角分
丙材料		kg	4 000	5.50	2 2 0 0 0 0 0	13	2 8 6 0 0 0

价税合计：贰万肆仟捌佰陆拾元整　　　￥24 860.00

备注

销货单位	名称	Q 公司	税务登记号	2 4 3 2 2 2 9 3 2 1 9 8 0 0 6
	地址、电话	海淀区知春路 010-23501178	开户银行及账号	工行知春路支行 610222490813379

凭51

```
中国工商银行
转账支票存根
VI  VI011025
科    目_____
对方科目_____
出票日期 2022 年 12 月 6 日

收款人：Q公司
金额：24 860 元
用途：购原材料丙

单位主管        会计
```

记账凭证

2022 年 12 月 6 日　　　　　　　　凭证号：9（1/1）

北京新科电子有限公司　　　　　　　　附单据 2 张

摘要	会计科目	借方金额	贷方金额
购原材料丙	在途物资——丙	22 000.00	
购原材料丙	应交税费——应交增值税（进项税额）	2 860.00	
购原材料丙	银行存款——工商银行		24 860.00
合计		24 860.00	24 860.00

会计主管：　　　记账：　　　出纳：　　　审核：　　　制单：

（2）用现金向K公司购入清洁用具1 060元，见凭52。

凭52   **北京市临时特种发票**   （　　）字

发　票　联

客户名称：北京新科电子有限公司　　　　　开票日期：2022年12月6日

加工商品或品名	计量单位	数量	单价	金额 万 千 百 十 元 角 分	备注
扫帚	把	100	1.20	1 2 0 0 0	
拖把	把	100	9.40	9 4 0 0 0	
合计（大写）	壹仟零陆拾元整			¥ 1 0 6 0 0 0	
姓名		使用税率		经办人　　开票税务机关	
地址		附征加成率			
财产或外销证字号		入库税款		（章）　　　　（章）	
其他证件		税票号码			

注：①本发票仅限税务机关填开；②未加盖填开税务机关印章无效。

记账凭证

2022年12月6日　　　　　　　　　凭证号：10（1/1）

北京新科电子有限公司　　　　　　　　　　　　　附单据1张

摘要	会计科目	借方金额	贷方金额
购入清洁用具	管理费用——其他	1 060.00	
购入清洁用具	库存现金		1 060.00
合计		1 060.00	1 060.00

会计主管：　　　记账：　　　出纳：　　　审核：　　　制单：

五、7日发生的经济业务

（1）收到自 Q 公司购入的原材料丙，并验收入库，见凭53。

凭53　　　　　　　　　　**入　库　单**　　　　　　　　第＿＿号

收货单位：北京新科电子有限公司　　　　　　　　　　2022 年 12 月 7 日

货号	品名	单位	数量	单价	金额	备注
	原材料丙	kg	4 000	5.5	22 000	

记账凭证

2022 年 12 月 7 日　　　　　　　　　　凭证号：11（1/1）

北京新科电子有限公司　　　　　　　　　　　　　　　附单据 1 张

摘要	会计科目	借方金额	贷方金额
原材料丙入库	原材料——丙	22 000.00	
原材料丙入库	在途物资——丙		22 000.00
合计		22 000.00	22 000.00

会计主管：　　　记账：　　　出纳：　　　审核：　　　制单：

（2）从 R 公司（北京）购入设备 C 一台，不需安装，价款 8 000 元，增值税 1 360 元，已用转账支票支付，该固定资产已交车间使用。见凭54、凭55、凭56。

凭54

北京市增值税专用发票
发 票 联

开票日期 2022 年 12 月 8 日　　　　　No.　08752422

<table>
<tr><td rowspan="2">购货单位</td><td>名称</td><td colspan="2">北京新科电子有限公司</td><td colspan="2">税务登记号</td><td colspan="12">4 6 3 5 0 7 2 4 6 5 3 2 7 8</td></tr>
<tr><td>地址、电话</td><td colspan="2">北京市海淀区
010-82264728</td><td colspan="2">开户银行及账号</td><td colspan="12">工行中关村支行341702186591462</td></tr>
<tr><td rowspan="2">货物或应税
劳务名称</td><td rowspan="2">规格
型号</td><td rowspan="2">数量
单位</td><td rowspan="2">数量</td><td rowspan="2">单价</td><td colspan="7">金额</td><td rowspan="2">税率
（%）</td><td colspan="7">金额</td></tr>
<tr><td>万</td><td>千</td><td>百</td><td>十</td><td>元</td><td>角</td><td>分</td><td>万</td><td>千</td><td>百</td><td>十</td><td>元</td><td>角</td><td>分</td></tr>
<tr><td>设备C</td><td></td><td>台</td><td>1</td><td>8 000</td><td></td><td>8</td><td>0</td><td>0</td><td>0</td><td>0</td><td>0</td><td>13</td><td></td><td>1</td><td>0</td><td>4</td><td>0</td><td>0</td><td>0</td></tr>
<tr><td colspan="20">价税合计：玖仟零肆拾元整　　　￥9 040.00</td></tr>
<tr><td colspan="20">备注</td></tr>
<tr><td rowspan="2">销货单位</td><td>名称</td><td colspan="2">R公司</td><td colspan="2">税务登记号</td><td colspan="12">2 0 3 6 5 4 0 0 7 2 3 1 0 2 1</td></tr>
<tr><td>地址、电话</td><td colspan="2">海淀区玉泉路
010-82633018</td><td colspan="2">开户银行及账号</td><td colspan="12">建行玉泉路支行270804521139037</td></tr>
</table>

凭55

固定资产验收单

2022 年 12 月 7 日　　　　　　　　　　　　　　编号：

名称	规格型号	来源	数量	购（造）价	使用年限	预计残值
设备C	M型	购入	1	9 040元	5	904元
安装费	月折旧率	建造单位		交工日期	附件	
验收部门	设备科	验收人员	杨英	管理部门	设备科	管理人员	宋兵
备注							

凭56

```
        中国工商银行
        转账支票存根
        VI  VI011027
   科  目＿＿＿＿＿＿
   对方科目＿＿＿＿＿＿
   出票日期 2022 年 12 月 7 日
   ┌─────────────────────┐
   │ 收款人：R 公司       │
   │ 金额：9 040 元       │
   │ 用途：购固定资产     │
   └─────────────────────┘
      单位主管        会计
```

记账凭证

2022 年 12 月 7 日　　　　　　　　　凭证号：12（1/1）

北京新科电子有限公司　　　　　　　　　　　　附单据 3 张

摘要	会计科目	借方金额	贷方金额
购设备C	固定资产——设备C	9 040.00	
购设备C	银行存款——工商银行		9 040.00
合计		9 040.00	9 040.00

会计主管：　　　记账：　　　出纳：　　　审核：　　　制单：

六、8 日发生的经济业务

（1）职工贾林出差回来报销差旅费 4 628.40 元。退回现金 371.60 元，见凭 57、凭 58。

凭57   还 款 凭 证

借款日期 2022 年 12 月 2 日

借款 原因：上海市购货	借款人 签章：贾林
借款 金额	大写：伍仟元整 ￥：5 000.00	左列数项已于 12 月 8 日全部结清。 报销数￥4 628.40 退还数￥371.60 补付数￥＿＿＿

凭58   外埠差旅费报销表

单位：　　　　　　　　　　　　　　　　2022 年 12 月 8 日填

姓名	贾林	出差事由		上海市购货			
出差天数	自 2022 年 12 月 4 日至 12 月 7 日止共 4 天						备注
2021 年			起讫地点（由何处到何地）	伙食补助费			车船旅馆费		金额合计	
月	日	时	起止		天数	定额	金额	单据张数	金额		
12	4		起	北京—上海	4	100	400	13	4 200	4 600	
12	7		止								
			起					2	28.40	28.40	
			止								
			起								
			止								
			合计								
实报金额（大写）				肆仟陆佰贰拾捌元肆角整　4628.40							

主管人：　　　　　　　　会计：　　　　　　　　领报人：贾林

记账凭证

2022 年 12 月 8 日　　　　　　　　凭证号：13（1/1）

北京新科电子有限公司　　　　　　　　　　　　　附单据 2 张

摘要	会计科目	借方金额	贷方金额
报销差旅费	管理费用	4 628.40	
报销差旅费	库存现金	371.60	
报销差旅费	其他应收款——贾林		5 000.00
合计		5 000.00	5 000.00

会计主管：　　　记账：　　　出纳：　　　审核：　　　制单：

（2）以现金购买办公用品 42 元，见凭 59。

凭59　　　　　　**北京市行政事业收费统一票据**

开票日期：2022 年 12 月 8 日　　　　　　　　　　　　No.042431

名称		北京新科电子有限公司
用途		
身份证号		
金额	（小写）	￥42.00
	（大写）	肆拾贰元整
备注		

收款单位财务专用章：　　　　　　　　　　　　　收款人：

记账凭证

2022 年 12 月 8 日　　　　　　　　凭证号：14（1/1）

北京新科电子有限公司　　　　　　　　　　　　附单据 1 张

摘要	会计科目	借方金额	贷方金额
购买便签纸	管理费用——办公费	42.00	
购买便签纸	库存现金		42.00
合计		42.00	42.00

会计主管：　　　记账：　　　出纳：　　　审核：　　　制单：

七、9 日发生的经济业务

提取现金 250 000 元，用于发工资，见凭 60。

凭60

**中国工商银行
转账支票存根**

VI　VI012018

科　　目 ＿＿＿＿＿＿
对方科目 ＿＿＿＿＿＿
出票日期 2022 年 12 月 9 日

收款人：北京新科电子有限公司

金额：250 000.00 元

用途：发工资

单位主管　　　　会计

记账凭证

2022 年 12 月 9 日　　　　　　　　凭证号：15（1/1）

北京新科电子有限公司　　　　　　　　　　　附单据 1 张

摘要	会计科目	借方金额	贷方金额
备现	库存现金	250 000.00	
备现	银行存款——工商银行		250 000.00
合计		250 000.00	250 000.00

会计主管：　　　　记账：　　　　出纳：　　　　审核：　　　　制单：

八、12 日发生的经济业务

以现金支付邮费 21 元，见凭 61。

凭61

	日　数　3812
邮件收据	
3241CN 北京市	
种类：国内特快信函　　重（克）：87　　报价金额：0.00	
邮费 20.00　　保价费 0.00　　保险费：1.00　　验关费：0.00	
代客报关费：0.00　　检疫费：0.00　　通建费：0.00　其他：0.00	
合计金额：贰拾壹元整　　￥21.00	
邮件内装物品详细名称　　说明书	
寄件人姓名地址：北京新科电子有限公司	
收件人姓名地址：上海嘉业电子有限公司　　张文良（收）	收寄人员签名　　宋元明

记账凭证

2022 年 12 月 12 日　　　　　　凭证号：16（1/1）

北京新科电子有限公司　　　　　　　　　　　附单据 1 张

摘要	会计科目	借方金额	贷方金额
付邮费	管理费用——办公费	21.00	
付邮费	库存现金		21.00
合计		21.00	21.00

会计主管：　　记账：　　出纳：　　审核：　　制单：

九、14 日发生的经济业务

偿还前欠 B 公司材料款 85 200 元，见凭62。

凭62　　　　　　**中国工商银行电汇凭证（回单）**

委托日期 2022 年 12 月 14 日　　　　第　号

		付款人		收款人		
付款人	全称	北京新科电子有限公司	收款人	全　称	B 公司	
	账号或住址	341702186591462		账号或住址	970112546621010	
	汇出地点	北京	汇出行名称	中关村支行	汇入地点	广州	汇入行名称	广州分行

金额	人民币（大写）捌万伍仟贰佰元整	千 百 十 万 千 百 十 元 角 分
		¥ 8 5 2 0 0 0 0

汇款用途：偿还材料款　　　　汇出行盖章

单位主管　　会计　　复核　　　　　年　月　日

记账凭证

2022 年 12 月 14 日　　　　　　　　凭证号：17（1/1）

北京新科电子有限公司　　　　　　　　附单据 1 张

摘要	会计科目	借方金额	贷方金额
偿还 B 公司欠款	应付账款——B 公司	85 200.00	
偿还 B 公司欠款	银行存款——工商银行		85 200.00
合计		85 200.00	85 200.00

会计主管：　　　　记账：　　　　出纳：　　　　审核：　　　　制单：

根据以上经济业务，可登记如下现金日记账和银行存款日记账，具体如表 8-1、表 8-2 所示。

表 8-1　现金日记账

年		凭证		摘要	对方科目	借方	贷方	借或贷	余额
月	日	字	号						
12	1	现收	1	提取备用金	银行存款	8 000		借	8 000
12	1	现收	2	报销差旅费	其他应收款	153.3		借	8 153.3
12	5	现收	3	废品收入	其他业务收入	23 750		借	31 903.3
12	6	现付	4	管理费用	管理费用		1 060	借	30 843.3
12	8	现收	5	报销差旅费	其他应收款	371.6		借	31 214.9
12	8	现付	6	管理费用	管理费用		42	借	31 172.9
12	9	现收	7	备现	银行存款	250 000		借	281 172.9
12	12	现付	8	管理费用	管理费用		21	借	281 151.9

表8-2　银行存款日记账

年		凭证		摘要	对方科目	借方	贷方	借或贷	余额
月	日	字	号						
12	1	银收	1	收回账款	应收贷款	94 500		借	94 500
12	1	银付	2	购买原材料	原材料		21 922	借	72 578
12	1	银付	3	提取备现金	库存现金		8 000	借	64 578
12	2	银付	4	出差借款	其他应收款		5 000	借	59 578
12	2	银付	5	购买固定资产	固定资产		12 400	借	47 178
12	5	银付	6	购买原材料	原材料		96 886.2	贷	49 708.2
12	6	银付	7	购买材料	在途物资		24 860	贷	74 568.2
12	7	银付	8	购买原材料	原材料		22 000	贷	96 568.2
12	7	银付	9	购买固定资产	固定资产		9 040	贷	105 608.2
12	14	银付	10	应付账款	应付账款		85 200	贷	190 808.2

#　第九章
账簿管理

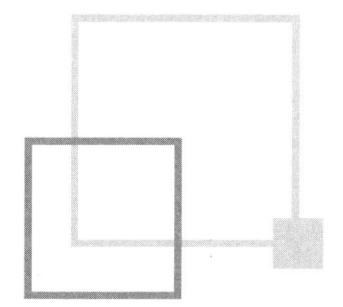

第一节　更换账簿

会计账簿的更换就是指在会计年度终了时将本年度的账簿更换为次年度账簿的工作。一般来说，总分类账、日记账和绝大部分明细分类账新年度应更换一次新账。

一、更换旧账

在年终结账时，将需要更换账簿的各账户的年末余额直接转入新启用的有关账户中，而不需要编制记账凭证，也不必将余额再记入本年账户的借方或贷方，使本年有余额的账户余额变为零。

二、启用新账

更换新账簿时，要注明各账户的年份，然后在第一行日期栏内写明"1月1日"，在摘要栏注明"上年结转"，把账户余额记入"余额"栏中，在此基础上登记新年度的会计事项。

第二节　保管账簿

一、保管会计账簿

会计账簿同会计凭证一样，都属于重要的经济档案和历史资料，应当按规定妥善保管以备检查和利用。

1. 归档前的准备工作

（1）装订前工作。①按账簿启用表的使用页数核对账户是否相符，账页是否齐全，序号排列是否连续。②按会计账簿封面、账簿启用表、账户目录和排列整理好的账页顺序装订。

（2）活页账簿装订。①将账页填写齐全，去除空白页和账页，并加具封底封面。②多栏式活页账、三栏式活页账、数量式活页账等不得混装，应按同类业务、同类账页装订在一起。③在装订页的封面上填写好账簿的种类，编好卷号，由会计人员、装订人或经办人签章。

（3）其他。①会计账簿应牢固、平整，不得有折角、缺角、错页、掉页、加空白纸等。②会计账簿的封口要严密，封口处要加盖印章。③封面要齐全、平整，并注明所属年度及账簿名称、编号，编号要一年一编，编号顺序为总账、现金日记账、银行存款日记账、分类账、明细账。④旧账装订完毕，按照规定要求保管。

2. 归档保管

账簿在会计期末装订成册或封扎后，交由档案人员造册归档保管。归档时，应编制"会计账簿归档登记表"并同时明确责任。

二、确定保管期限

会计账簿的保管期限，根据不同特点分为永久和定期两种。企业人员应按照不同性质，确定不同保管期限。一般的保管期限如下：

（1）一般日记账为 15 年。

（2）现金和银行存款日记账 25 年。

（3）明细账和总账 15 年。

（4）固定资产卡片在固定资产清理报废后保存 5 年。

（5）辅助账簿 15 年。

（6）涉外和重大事项会计账簿永久保存。

第三节 销毁账簿

账簿保管期满，可以按照以下程序销毁，如图9-1所示。

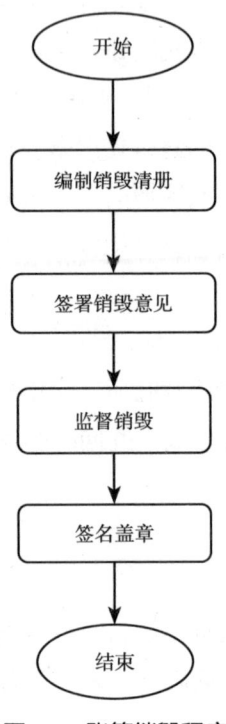

图9-1 账簿销毁程序

1. 编制销毁清册

由本企业档案机构会同会计机构提出销毁意见，编制账簿档案销毁清册，清册应该列明以下内容：

（1）销毁档案的名称。

（2）卷号。

（3）册数。

（4）起止年度。

（5）档案编号。

（6）应保管期限。

（7）已保管期限。

（8）销毁时间。

2.签署销毁意见

由企业负责人在会计账簿销毁清册上签署意见，同意销毁。

3.监督销毁

销毁会计账簿时，应由档案管理机构和会计机构共同派员监督销毁。

4.签名盖章

监督销毁人员在销毁会计账簿时，应当按照会计账簿销毁清册所列内容清点核对所销毁的会计账簿；销毁后，应当在会计账簿销毁清册上签名盖章，并将监督销毁情况转给相关负责人。

第十章
自查任务

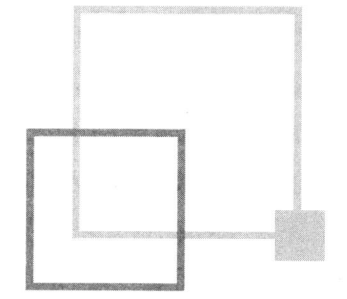

第一节　错款的查找

一、出纳错款的类型及差错产生的原因

（1）看错：出纳根据凭证付款时，因看错金额而多付现金，如将68看成86等。

（2）复核不严：如凭证上大、小写金额不一致，出纳未经严格复核，就按大写或小写金额付款而造成的错款；一笔收款（或付款）业务有好几张原始凭证，出纳在加计合计数时，因没有认真复核而导致总金额计算有误而造成的错款；提取现金或收到外单位交来大额整封的款项时，出纳人员未经认真复核清点就予以签收而造成的错款。

（3）违反出纳操作规程和制度：如收、付款项后，没有及时在凭证上加盖"收讫""付讫"章而导致少收、重付造成的错款；不慎将收、付款凭证遗失，而在这之前又没有及时登记现金日记账以致账实不符而造成的错款；为熟人办事、碍于情面，违反操作规程和制度而造成的错款。

（4）出纳员工作移交时，由于未办理交接手续或交接手续不清而造成的错款。

二、出纳错款查找方法

现金必须每天核对，一旦发现账实不符，一方面应及时向会计负责人报告，另一方面应对当天办理的收付款项逐笔回忆，立即查找，争取找出差错的原因。错款查找方法如下：

（1）检查账簿记录有无差错：首先复查当天的收付款凭证，检查有无凭证丢失和遗漏，金额的大、小有无差错，如果没有这类错误，再根据凭证轧计出当天库存现金余额，然后与现金日记账逐笔核对，检查有无漏记、重记和错记的金额，如果差错是账簿登记的错误，应采用专门的错账更正法予以

更正。错账的查找和更正方法见本章第二节内容。

（2）检查库存现金有无差错：对所有的票币逐张、逐枚复点，并加计总数，检查是否有误。

如果按照上述方法查找后仍找不出错款原因，说明错款不属于记账和计算的问题，此时一方面应及时向会计负责人报告，另一方面应对当天办理的收付款业务逐笔回忆，仔细检查当天办理的每一张收付款凭证，分析错款的原因，查找错款目标。如果由于多付而导致错款，应通过领导做好对方思想工作，因势利导，督促对方退回错款。

第二节　错账的查找

一、发生错账原因

出纳工作过程中，记账差错在所难免，由于账簿错误会引起账账、账实不符，从而影响会计信息的质量。实际工作中错账原因各种各样。归纳起来主要有以下几种：

（1）重记。将某张已登记入账的记账凭证或记账凭证的借或贷方金额在现金、银行存款日记账上重复登记。

（2）漏记。某张记账凭证或记账凭证的借或贷方金额在现金、银行存款日记账上没有登记。

（3）记账方向错误。将应记入借方的金额误记入贷方，或将应记入贷方的余额误记入借方。

（4）记账科目错误。将应记入某一会计科目的金额误记入另一会计科目。

（5）计算错误。出纳人员在计算过程中，如加计合计数、余额时，由于计算有误而形成的错账。

（6）数字记录错误。主要包括数字移位和数字颠倒。数字移位是指该数中的各位数码并列向前或向后移位。即在应记的数字后面多写或少写一个或几个0，如将1 000写成100，或者将1写成10；或者小数点点错，如将125写成12.5等。数字颠倒是指一个数字中相邻两个数码相互颠倒，如将85写成58。

二、错账更正方法

账簿是重要的会计档案，应定期保存，因此账簿记录应保持整洁，记账应力求正确清楚。但在实际工作中记账或结账时难免会出现各种差错，当账簿记录发生差错时，不得涂改、挖、擦、刮、补，也不准用药水消除字迹，应区别不同情况，用专门的错账更正方法予以更正。出纳日记账绝对不准撕毁重抄。如果某账页因遭受严重污损而模糊不清需要重抄时，需报经财务主管人员批准，并将原来的账页保留在账本中备查，不得撕毁。

发生错账时，应用划线更正法予以改正。划线更正法是指在原有的错误记录上划红线加以注销，然后在被注销的错误记录上面写上正确记录的一种方法。

出纳在记账当时发现账簿登记有错或在每日结账前发现记账有错，而记账凭证正确，此时无论是账簿记录的文字、数字有错误，记账方向有错误，还是过账的错误，均可采用划线更正法加以更正。

划线法更正时，首先将错误的数字或文字用单红线划去，表示注销，然后，在划线上面的空白处写上正确的数字或文字，并加盖更正人图章，以示负责。值得注意的是：

（1）更正文字错误时，可以只划去错误的字，更正数字错误时，应将整个错误记录的数字全部划去，不能只划去其中一个或几个写错的数字。

（2）要保证被划线的错误记录的字迹仍然清晰可辨，以备查考。

第三节　点钞与验钞

点钞技术，即票币整点技术，它是眼、脑、手三合一的操作技术，是各单位会计人员，尤其是现金出纳人员必须具备的一项基本功。点钞技术的高低、速度快慢、质量好坏，都直接影响工作的效率和质量，因此必须十分重视点钞这一基本能力的训练。

一、手持式点钞技术

手持式点钞有手持式单指单张点钞、手持式单指多张点钞、手持式四指拨动点钞、手持式五指拨动点钞等多种方法。其中最常用的是手持式单指单张点钞。其操作要点如下：

把钞票横执，正面朝向身体，左手持票，左手拇指放在钞票正面的左端中央，约占全票的四分之一处，将左手的食指和中指放在钞票背面，与拇指一起捏住钞票，将左手无名指和小指伸向钞票正面压住钞票的左下方，用右手的拇指、食指和中指沾水，用右手拇指指尖逐张向下捻动钞票的右上角，食指在钞票的背面托住右上角，并配合拇指捻动钞票，捻下来的钞票用无名指往内方向弹拨，中指翘起沾水备用，如果清点过程中拇指上的水用完，可向中指沾水，这样就可一下点完 100 张钞票。

在清点记数时应用心记数，避免用嘴将数念出来，常用的记数方法有自然记数法和单数分组记数法，自然记数法就是从 1、2、3、……、100，单数分组记数法就是分 10 组来记数，从 1234567891（即 10）、1234567892（即 20）、一直数到 12345678910（即 100）。

点钞时应注意姿势，尤其是眼睛和钞票应保持一定的距离，一般为 20 厘米左右，切忌用手指沾唾沫点钞，为减轻长期清点而造成的劳累，清点较多数量钞票时，可把左手和肘放在桌上，右手肘部也可放在桌上，但右手腕要稍微抬起。

在清点过程中，如发现残破钞票，可先将残破票折向外边，待点完100张后，再抽出残破票，补上好票。

手持式单指多张点钞法是指在单张点钞的基础上，加大持票的斜度且手指较为熟练时，便可发展到一指可点两张以上。采用此法时应注意：点数时应从左侧看，这样看的幅度大，容易看清楚；记数时应采用分组记数法，如点两张，则两张为一组，点50次即为100张，如点三张，则三张为一组⋯⋯

手持式四指拨动点钞法又称四指四张点钞法，就是用四个指头一次清点四张钞票。其操作要点如下：左手持票，用左手的无名指和小指夹住钞票的左下方，中指和拇指沿钞票的两侧伸出卡住钞票，一般拇指的位置需高于中指的位置，将中指稍用力，以便使钞票右上角向后倾斜成弧形，然后，将右手腕抬起，拇指贴着钞票的右上角，其余四个手指并拢，从小指开始，四个手指依次下滑，下滑时每个手指捻下一张钞票，一次四张，依次循环往复一直到点完为止。记数方法与手持式单指多张点钞法相似。

手持式五指拨动点钞法与手持式四指拨动点钞法基本相似，点数时，依次由右手的小指、无名指、中指、食指、拇指逐一轻轻地向怀内拨动点数，并按5张为一组记数。

二、手按式点钞技术

手按式点钞包括手按式单张点钞、手按式双张点钞、手按式三张（四张）点钞和手按式三指（四指）拨动点钞等方法。

（一）手按式单张点钞操作要点

把钞票横放在桌上，正对自己，用左手的无名指和小指按住钞票的左上角，右手的拇指托起右下角的部分钞票，用右手食指捻动钞票的右上角，每捻起一张，左手拇指即往上推动送到左手食指和中指之间夹住，这样便完成一次点数动作，依次连续操作，按自然数记数一直到100为止。

（二）手按式双张点钞操作要点

把钞票斜放在桌上，用左手的无名指和小指按住钞票的左上方，约占票面的四分之一处，右手的拇指、食指和中指沾水，然后，用右手的拇指托起右下角的部分钞票，将右臂倾向左上方，先用右手中指捻起第一张钞票，紧接着用食指捻起第二张钞票，每捻起一张，左手拇指配合将捻起的两张钞票往上推动送到左手食指和中指之间夹住，这样便完成一次点数动作，依次连续操作，按两张为一组记数，一直点到50组即为100张。

（三）手按式三张（四张）点钞操作要点

将钞票斜放在桌上，让其右下角稍伸出桌面，点钞员的座椅要向右斜摆，以便使身体和桌面形成三角形，点钞时用左手的中指、无名指和小指按住钞票的左上角，右手的食指、中指、无名指和小指沾水，为使操作省力，可将右手的肘部枕在桌面上，右手的拇指托起右下角的部分钞票，如一次点三张，则按第一无名指、第二中指、第三食指的顺序各捻起一张，如一次点四张，则按小指、无名指、中指、食指的先后顺序各捻起一张，左手拇指配合将捻起的三张（四张）钞票往上推动送到左手食指和中指之间夹住，这样便完成一次点数动作，依次连续操作，一次点三张的则按照每三张为一组记数，数到33组剩一张即为100张，一次点四张的则按照每四张为一组记数，数到25组即为100张。

（四）手按式三指（四指）拨动点钞操作要点

将钞票横放在桌上，点钞时用左手的中指、无名指和小指按住钞票的左上角，右手的食指、中指、无名指和小指沾水，如一次点三张，则按第一食指、第二中指、第三无名指的顺序在钞票的右上角依次向胸前各拨动一张钞票，如一次点四张，则按食指、中指、无名指、小指的先后顺序向胸前各拨动一张钞票，左手拇指配合将拨起的三张（四张）钞票往上推动送到左手食指和中指之间夹住，这样便完成一次点数动作，依次连续操作，记数方法与手按式三张（四张）点钞法的记数相同。

三、扇面式点钞技术

扇面式点钞技术操作要点如下：左手持票，首先将钞票捻成扇面形，然后右手中指、无名指托住钞票背面，用右手拇指在钞票的右上角一次向下按5张、10张、12张甚至16张（按的张数越多难度越大），再用右手食指将按下的钞票压住，这样就完成一次点数动作，依次连续操作，一直到点完钞票为止。扇面式点钞法的记数方法视按下的张数而定，如一次按5张的，即5张为一组，点到20组就是100张，如一次按10张的，即10张为一组，点到10组就是100张，依此类推。

扇面式点钞技术的关键是开扇，开扇不均匀，就会影响点钞的正确性。开扇时左右手应密切配合，以左手为轴，右手食指在钞票背面将钞票向左下方压，将压弯的钞票向左上方推起，这时右手的拇指在钞票前面由中部向右下角移动，同时右手的食指、中指在钞票背面向右捻动，左手的拇指应配合右手动作，当右手的拇指由中部移到右下角时，扇面即形成，然后应检查扇面打开是否均匀，为了避免夹带张数，要求将钞票打开成扇形时，每张钞票都露出1～2毫米宽的边，这样在清点时便于捻动并可防止夹张，以提高手工点钞准确性。

手工点钞技术的关键是手工点钞速度，手工点钞技术的核心是点数准确，手工点钞基本指法容易掌握，但要数得快、数得准却不容易，这就要求出纳人员平时应刻苦操练，因为点钞技术是每一位出纳人员必须掌握的基本功。在点钞时，还应做到手到、眼到、心到，即通过手、眼、脑三者配合来共同完成整个点钞过程，这是保证手工点钞准确重要的一步，也就是要求点钞人员手指灵活地清点钞票，眼睛要与手相配合，在手指迅速捻动钞票的过程中能辨别张数，同时心里记着已清点的张数。

第四节　错误查找及更正

一、残缺人民币挑剔标准

残缺人民币是指由于某种原因明显缺少了一部分票币。对于以下七种人民币损伤情况，应及时挑出整理，作为残缺人民币处理：

（1）票面缺少部分损及行名、花边、字头、号码、国徽之一的或缺角的。

（2）票面有孔洞直径大于10毫米的。

（3）裂口长度超过票面长度（或宽度）五分之一或损及花边、图案的，因票面断裂而粘补的。

（4）票面纸质软、较旧的。

（5）由于油浸、墨渍等造成脏污面积较大（大于1平方厘米）或涂写字迹过多，妨碍票面整洁的。

（6）票面变色严重影响图案清晰的。

（7）硬币残缺、穿孔、变形、磨损、氧化损坏花纹的。

二、残缺人民币的兑换

做到及时回收市场流通中的损伤、残缺人民币，保持人民币的整洁，维护国家货币的信誉，需要企事业单位、广大群众、银行等各方面的配合，不论是单位还是个人，如果留有不宜流通的损伤、残缺人民币，不应再次使用或对外找付，应挑拣、粘补整理好，随时送存银行或办理兑换。中国人民银行规定：

（1）凡残缺人民币属下列情况之一者，应持币向银行全额兑换：

票面残缺不超过五分之一，其余部分的图案、文字能照原样连接者。

票面污损、熏焦、水湿、油浸、变色，但能辨别真假，票面完整或残缺不超过五分之一，票面其余部分的图案、文字能照原样连接者。

（2）票面残缺五分之一以上至二分之一，其余部分的图案、文字能照原样连接者，应持币向银行照原面额半数兑换，但不得流通使用。

（3）凡残缺人民币属于下列情况之一者不予兑换：

票面残缺二分之一以上者。

票面污损、熏焦、水湿、油浸、变色不能辨别真假者。

故意挖补、涂改、剪贴拼凑、揭去一面者。

兑换残缺人民币时，应由持票人填写统一格式的"残缺票币兑换单"，银行经办人员依照标准，在对残缺币真伪、券别和张数等进行仔细辨别后，与持票人共同确定可兑换的金额，在征得持票人同意后，当着持票人的面在残缺票上加盖"全额"或"半额"戳记以及两名经办人员名章后，给予兑换。不予兑换的残缺人民币由中国人民银行收回销毁，不得流通使用。

第五节 人民币真伪鉴别

一、假人民币及其识别方法

假人民币是指仿照人民币纸张、图样等原样利用各种技术手段非法制作的伪币。假人民币按照其制作方法和手段，大体可分为两种类型，变造币和伪造币。变造币是指利用各种形式、技术、方法等对人民币进行加工处理，改变其原有形态的假钞。按照加工方法不同可分为，涂改的、挖补剪贴等类别。伪造币是指依照人民币真钞的用纸、图案、水印、安全线等原样，运用各种材料、器具设备、技术手段模仿制造的人民币假钞。伪造币由于伪造手段不同，又可分为手工的、机械的、复印的等类别。

识别假人民币的方法主要有以下几种：

（1）纸张识别法。人民币采用专用纸张，具有耐磨、有韧度、挺括不易折断的特点，而假币则具有纸张绵软、韧性差、易断裂等特点。

（2）水印识别法。人民币水印是指在制造时采用特殊工艺使纤维堆积而成的暗记。分为满版和固定水印两种。

（3）凹凸技术识别法。真币的技术特点是图像层次清晰，色彩鲜艳、浓郁，立体感强，触摸有凹凸感。而假币图案平淡，手感光滑，花纹图案较模糊，并由网点组成。

（4）安全线识别。真币的安全是立体实物与钞纸融为一体，有凸起感觉。假币一般是印上或画上的颜色，如加入立体实物，会出现与票面褶皱分离的现象。

二、假钞的处理

（1）发现假钞时，发现单位不得随意加盖假币戳记和没收，应向持币人说明情况，开具临时收据，连同货币报送中国人民银行当地分行。如果不是假钞，应及时将钞票退还持币人。

（2）个人发现假币时，应立即就近送交银行鉴定，并向公安机关和银行举报及提供有关详情，协助破案。

（3）银行收到假币时，应按规定予以没收，并且当着顾客的面在假币上盖上戳记印章，同时开具统一格式的"假人民币没收收据"给顾客，并将所收假币登记造册，妥善保管，定期上缴中国人民银行当地分行支行。

第十一章
工作交接业务

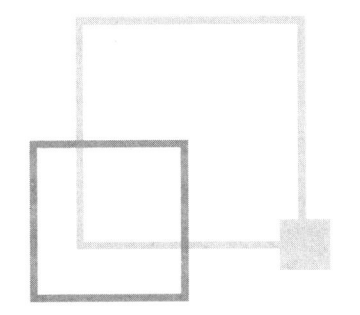

第一节 出纳材料的整理

一、整理保管出纳材料

（一）整理保管出纳凭证、账簿

出纳记账所依据的原始凭证及记账凭证，在出纳记账后，要传递给记账会计，在年终前要由记账会计进行整理和保存。出纳人员的主要任务就是做好原始凭证的整理及处理阶段全部会计凭证的保管工作。移交归档前要对旧账进行整理，整理时对编号扉页内容、目录等填写不全的，要根据有关要求填写齐全。

（二）现金、票据及印章的保管

现金是流动性最强的资产，无须变现即可使用，因此是犯罪分子谋取的最直接目标。为了保证现金的安全，不给犯罪分子以可乘之机，各单位应建立健全现金保管制度，并指定专人负责保管现金。现金的保管工作通常由出纳负责，出纳人员在保管现金时应注意以下几点：

（1）出纳人员应配备专用保险柜，保险柜应沿着出纳办公室的内墙放置，保险柜的钥匙由出纳人员专管，不得任意转交他人，下班后，不得将保险柜钥匙放置在办公桌抽屉内；保险柜密码应由出纳人员开启，出纳人员在开启密码后应做好开启记录，并严格保密；出纳人员工作调动时，接任的出纳人员应及时更换密码；保险柜的钥匙或密码丢失或发生故障时，应立即报请领导处理，不得随便请人修理或配钥匙；更换保险柜时，应办理以旧换新手续，并做好备查记录。

（2）严格遵守库存现金限额，对于限额内的库存现金当日核对无误后，全部放入保险柜，不得放在办公桌抽屉内过夜，对于限额以外的现金应在下班以前送存银行。

（3）出纳向银行送存现金或提取现金时，一般应有两人以上，数额较大的，最好专箱装放、专车运送，必要时可以武装押运。

（4）为了既确保现金安全，又减少出纳的工作量，出纳人员在上班时，可以将工作时所需少量备用金放在办公桌抽屉内，其余现金都应放入保险柜，严禁随意存放。

有价证券是一种具有储蓄性质的、可以最终兑换成人民币的票据，包括股票、债券。有价证券是企业资产的一部分，具有与现金相同的性质和价值，容易成为被偷盗、套取和挪用的对象。加强对有价证券的保管应注意以下几点：

（1）实行账证分管：会计部门管账、出纳部门管证，互相牵制、互相核对。

（2）有价证券的保管和现金的保管基本相同，各种有价证券要分类整齐地排放在保险箱内，并随时或定期地抽查盘点。

（3）出纳人员应对各种有价证券的票面额和号码保守秘密。

（4）建立"有价证券登记簿"，以便随时掌握各种有价证券的情况。

与出纳工作有关的印章主要包括：支票印鉴、"现金收讫""现金付讫""银行收讫""银行付讫"章。按照有关规定，支票印鉴一般应由会计主管人员或指定专人保管，支票和印鉴必须由两人分别保管。各种财务专用章的保管，原则上与现金的保管要求相同，负责保管的人员不得将印章随意存放或带出工作单位。严禁将支票印鉴甚至单位主管人员的名章一并交由出纳人员保管和使用，否则会给违法、违纪行为造成可乘之机。

如果发生印鉴遗失或需要更换预留印鉴时，应填写"印鉴更换申请书"，同时出具证明情况的公函一并交开户银行，经银行同意后，在银行发给的新印鉴卡的背面加盖原预留银行印鉴，在正面加盖新启用的印鉴。

二、移交和调阅出纳资料

当年会计档案应在当年终了后，可暂时由本单位财务部门保管一年，在这一年内，归档材料通常由出纳负责保管。一年期满后，应由财务部门编造成册移交本单位的档案部门保管。出纳保存的核算资料,应积极向本单位提供使用。按规定出纳资料不能外借,若有特殊情况,必须报经上级部门批准,并应登记、签字、期限归还。调阅的出纳材料不能拆散原卷册。

第二节　出纳工作交接

出纳工作交接是指出纳人员因工作调动或因故离职等原因,由离任出纳人员将有关工作和资料移交给后任出纳人员的工作过程。《会计基础工作规范》规定:会计人员工作调动或因故离职,必须将本人所经管的会计工作全部移交给接替人员,没有办清交接手续的,不得调动或离职。出纳交接要按照会计人员交接的要求进行。出纳员调动工作或者离职时,与接管人员办清交接手续,既是出纳员应尽的职责,也是分清移交人员与接管人员责任的重大措施。办好交接工作,可以使出纳工作前后衔接,防止出现账目不清、财务混乱的现象。

一、出纳工作交接内容

出纳凭证(原始凭证、记账凭证);出纳账簿(现金日记账、银行存款日记账等);现金(现钞、金银珠宝及其他贵重物品);有价证券(债券、股票、商业汇票、股权证书等);支票簿;发票(空白发票、已用或作废发票存根联及作废发票其他联等);收款收据(空白收据、已用或作废收据存根联及作废收据其他联等);印章(财务专用章、银行预留印鉴——印章和印鉴卡片以及"现金收讫""现金付讫""银行收讫""银行付讫"等业务印鉴);会计文件;会计用品;其他会计资料(银行对账单以及由出纳人员保管的合同、协议等)。对出纳账簿等会计档案的交接,除了将当年档案移交外,如有以前年度尚未销毁的会计档案也应全部移交。对需移交的遗留问题,应写出书面材料,或在移交说明书上详细说明。

二、交接时应注意的问题

（1）已经受理的出纳业务尚未填制收付记账凭证的，应填制完毕。

（2）尚未登记的账目，应登记完毕，并在最后一笔余额后面加盖本人印章。

（3）整理移交的各项材料，对未了事项要写出说明。

（4）出纳账与现金、银行存款总账核对相符，现金账面余额与实际库存现金核对一致，银行存款账面余额与银行对账单核对无误。

（5）编制"移交清册"，填明移交的账簿、凭证、现金、有价证券、支票簿、文件资料、印鉴和其他物品的具体名称和数量。

三、出纳工作交接

出纳人员离职，必须在规定期限内向交接人员移交清楚。交接工作包括以下几方面：

（1）交接出纳账簿。出纳账簿和其他会计资料不得有遗漏，必须完整。出纳账簿移交时，接交人应核对账账、账实是否相符，即现金日记账、银行存款日记账、有价证券明细账与现金、银行存款和有价证券总账的账账相符；实行会计电算化的单位，应先将账页打印出来，装订成册后，再进行交接。

（2）交接银行存款和有关票据、票证，更换印签章。银行存款账户余额要与银行对账单核对，在核对时如发现疑问，移交人和接交人应一起到开户银行当场复核核对，并编制银行存款余额调节表。在银行存款账户余额与银行对账单余额核对相符的前提下，移交有关票据、票证及印章，同时由接交人更换预留在银行的印鉴章。

（3）现金、有价证券、贵重物品要根据会计账簿有关记录由移交人向接交人逐一点交，库存现金、有价证券、贵重物品必须与会计账簿记录保持一致，如有不符，移交人员必须在限期内查清。

（4）移交人应将保险柜密码、钥匙、办公桌和办公室钥匙一一移交给接交人，接交人在接交完毕后，应立即更换保险柜密码及有关锁具。

（5）接交人办理接收后，应在出纳账簿启用表上填写接收时间，并签名盖章。

交接结束后，交接双方和监交人员要在移交清册上签名或盖章。"移交清册"一般一式三份，其中交接双方各持一份，另一份作为会计档案在交接结束后归档保管。

交接结束后，还应该遵循以下规定：①交接人员应认真接管移交的工作，继续移交未了的事项；②交接人员应继续使用移交的账簿，不得另行开立新账簿，以保持会计记录的连续性；③移交后，移交人不能免除责任，也即移交人员对移交的会计凭证。会计账簿、会计报表和其他会计资料的合法性、真实性承担法律责任。

第三节 出纳工作交接

出纳交接准备工作示意图（图11-1）。

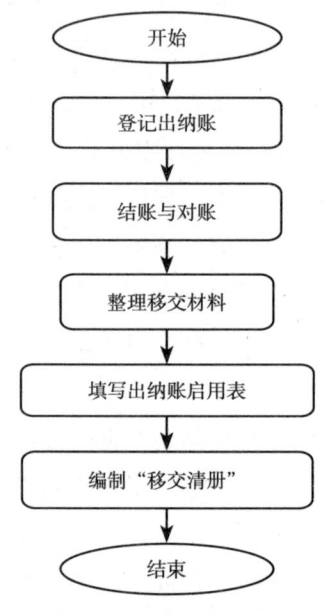

```
    开始
     ↓
  登记出纳账
     ↓
  结账与对账
     ↓
  整理移交材料
     ↓
 填写出纳账启用表
     ↓
 编制"移交清册"
     ↓
    结束
```

图11-1 出纳交接准备工作示意图

出纳工作交接示意图（图 11-2）。

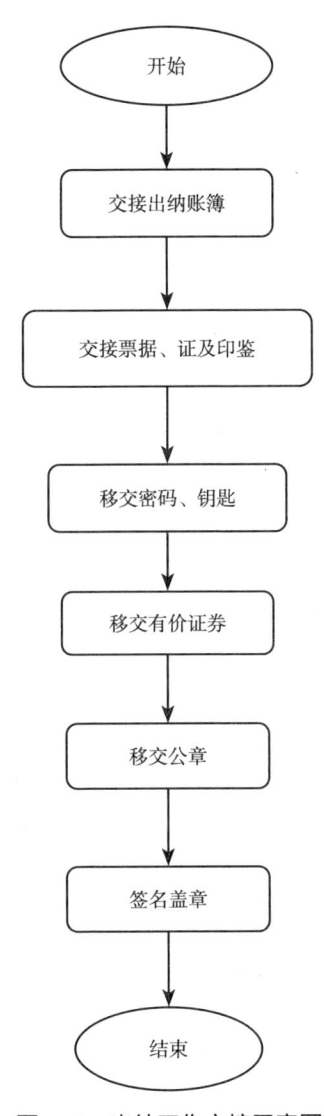

图11-2 出纳工作交接示意图